L’interazione tra diritto e religione

Ambienti del diritto

Ambienti del diritto
6

Harold J. Berman

L'interazione tra diritto e religione

Introduzione e traduzione di
MARCO VENTURA

Postfazione e bibliografia scelta di H.J. Berman di
PASQUALE ANNICCHINO

Leo S. Olschki
2024

Casa Editrice Leo S. Olschki
Viuzzo del Pozzetto, 8
50126 Firenze
www.olschki.it

ISBN 978 88 222 6965 2

INDICE

Harold J. Berman
L'INTERAZIONE TRA DIRITTO E RELIGIONE

Marco Ventura

INTRODUZIONE
Religione nuova e diritto nuovo

A cinquant'anni da *The Interaction of Law and Religion* di Harold J. Berman

Nel 1971 Harold J. Berman fu invitato dalla Boston University a tenere le Lowell Lectures on Theology. Nel 1974 l'editore Abingdon Press pubblicò le conferenze, corredate di note, in forma di saggio unitario in quattro capitoli con una introduzione e un post-scriptum. Il volumetto di 174 pagine aveva per titolo *The Interaction of Law and Religion*, l'interazione tra diritto e religione.[1] Nato in Connecticut nel 1918, l'allora cinquantaseienne professore della Harvard Law School riassumeva nel libro le riflessioni di una intensa vita di storico e giurista che aveva già prodotto opere importanti, in particolare di teoria del diritto e di diritto sovietico, frutto tra l'altro di lunghi soggiorni in Unione Sovietica. Nel libro Berman poneva anche le basi per i suoi celebri volumi sulla tradizione giuridica occidentale, soprattutto i due che sarebbero usciti nel 1983 e nel 2003 con il titolo, rispettivamente, *Law and Revolution* e *Law and Revolution II*.[2]

The Interaction, come il volume sarebbe stato chiamato dagli allievi di Berman con un misto di deferenza e familiarità, rispondeva alla crisi giuridica e religiosa degli Stati Uniti del tempo. Il sapere giuridico pareva

---

[1] Harold J. Berman, *The Interaction of Law and Religion*, Nashville TN, Abingdon Press, 1974.

[2] Ci si riferisce a H.J. Berman, *Law and Revolution: The Formation of the Western Legal Tradition*, Cambridge MA, Harvard University Press, 1983; e *Law and Revolution II: The Impact of the Protestant Reformations on the Western Legal Tradition*, Cambridge MA, Harvard University Press, 2003.

allora dominato da un «modello secolare-razionale»,[3] così l'autore nel primo capitolo, teso ad escludere ogni rilevanza della religione, mentre si affermavano tra i pensatori cristiani – in particolare i teologi e gli stessi canonisti – teorie fondamentalmente ostili al ruolo del diritto nelle chiese e più in generale nella religione. Stavano sullo sfondo le profonde trasformazioni sociopolitiche e giuridiche degli Stati Uniti degli anni Sessanta e di inizio anni Settanta, culminate nella sentenza Roe v. Wade della Corte Suprema degli Stati Uniti che nel gennaio 1973 aveva segnato la vittoria epocale di chi si era battuto per la legalità dell'interruzione volontaria di gravidanza. Harold Berman, la cui prefazione è datata 29 maggio 1973, non menziona la decisione. Ampio spazio trovano invece nel volume l'instabilità sociale, l'opposizione alla guerra in Vietnam e soprattutto il fenomeno delle comuni. Ad esse l'autore dedica nell'ultimo capitolo pagine appassionate, divise tra il timore che l'esperimento annunciasse il definitivo divorzio di diritto e religione e la speranza che proprio nel fallimento delle comuni potessero invece rivelarsi una inversione di tendenza e il riavvicinamento tra le due dimensioni.

Contro l'aria del tempo, cioè contro la pretesa che diritto e religione dovessero fare a meno l'uno dell'altra, l'autore sosteneva che le chiese cristiane e le altre religioni, e poi la società americana, il mondo occidentale, la stessa umanità stavano faticosamente incamminandosi verso una «età della sintesi» fondata sulla rinnovata interazione tra diritto e religione e cioè sul rifiuto tanto di un diritto senza religione ridotto a «legalismo» quanto di una religione senza diritto ridotta a «religiosità».

Preme ora esplicitare e articolare in primo luogo perché si propone di leggere questo libro a cinquant'anni dalla sua pubblicazione, in italiano, e in secondo luogo quale chiave di lettura si desidera suggerire in questa sede come la più significativa.

1. Perché leggere questo libro

Quattro ragioni rispondono alla prima domanda, perché leggere questo libro.

La prima ragione – di natura teorica – è che il volume aiuta a comprendere quanto siano fondamentali per l'umanità le due dimensioni del

[3] Qui e di seguito ogni citazione dal libro di Berman si intende dal testo tradotto in questo volume.

diritto e della religione e soprattutto quanto fondamentale sia quell'interscambio tra loro che Berman chiama «interazione». Cruciale a tal fine è che Berman definisca in modo estremamente ampio ciascuno dei due termini e di conseguenza la loro interazione. La crisi del rapporto tra diritto e religione è infatti per l'autore il risultato di un processo che ha reso sempre più angusta la definizione dell'uno e dell'altra. Lungi dall'esaurirsi in un «corpo di regole», il diritto per Berman «è fatto di persone che legiferano, giudicano, amministrano, negoziano», è insomma «un processo vivo di allocazione dei diritti e dei doveri e perciò di risoluzione dei conflitti e creazione di canali di cooperazione». Lungi dall'esaurirsi in «una serie di dottrine ed esercizi», la religione è a sua volta «fatta di persone che manifestano una preoccupazione collettiva per il senso e lo scopo ultimi della vita», è cioè «l'intuizione condivisa dei valori trascendentali e l'impegno verso tutto ciò». Pervade il libro, di conseguenza, lo sforzo di allargare il diritto e la religione ad ogni loro possibile versione e manifestazione, ivi compresi l'ateismo e le religioni della democrazia e del socialismo. Si incontra qui il nucleo teorico per il quale, in primo luogo, il libro merita di esser letto: l'interazione tra diritto e religione è indispensabile all'umanità non nel senso ristretto di questo o quel sistema di relazione tra diritto e religione, dal confessionismo alla separazione, ma nel senso ampio, ancora con le parole di Berman, di un diritto che «aiuta a dare alla società la struttura, la forma necessaria a mantenere la coesione interna» e di una religione che «aiuta a dare alla società la fede necessaria per affrontare il futuro». Sono necessari nel loro interscambio, il diritto e la religione, perché, nel linguaggio evocativo di Berman, il primo «combatte l'anarchia» e la seconda «combatte la decadenza».

La seconda ragione è di natura storica. *The Interaction* fa capire come l'interazione tra diritto e religione abbia caratterizzato la storia dell'Occidente e le sue svolte, quelle «rivoluzioni», termine chiave del lessico bermaniano, cui è corrisposto di volta in volta un nuovo assetto dell'interazione tra diritto e religione. È stato il caso, per l'autore, della «rivoluzione pontificia» con cui la Chiesa cattolica si è configurata a partire da una rivendicazione di indipendenza e sovranità rispetto all'Impero – e più tardi agli stati moderni – e successivamente della rivoluzione protestante, della rivoluzione puritana inglese, della rivoluzione francese, di quella russa e ancora da ultimo della rivoluzione che ha imposto in Occidente, con tratti diversi, la liberal-democrazia e il socialismo. La ragione storica per leggere il libro è anche una ragione di metodo. Molte osservazioni di Harold Berman possono parere anacronistiche, alcuni suoi riferimenti superati, certe sue affermazioni discutibili. La sua lezione va tuttavia oltre questi limiti perché consiste nella capacità di immergersi nella contingenza, come fa l'autore con l'America del suo tempo, per ergersi in seguito oltre di essa e così facendo porre interrogativi decisivi anche per la nostra generazione.

La terza ragione – di natura politica – è che il libro insegna quanto sia decisiva la responsabilità di individui e gruppi circa il modo in cui l'interazione tra diritto e religione è teorizzata e praticata. Al tempo in cui scrisse il volume, l'autore americano si misurò con la radicale contestazione della sua idea di un diritto vivificato dalla religione e di una religione socializzata dal diritto. Chi legge oggi è stimolato a riflettere sull'esercizio della propria responsabilità in un contesto certamente diverso da quello di Berman, ma altrettanto certamente ad esso legato. Il diritto e la religione di quegli anni hanno infatti prodotto i nostri. Ciò vale in particolare per il laboratorio americano. A cinquant'anni di distanza dall'uscita del volume di Berman, la polarizzazione delle guerre di cultura americane ha profondamente mutato il rapporto tra diritto e religione negli Stati Uniti e nei paesi – dalla Russia all'Iran e all'Arabia Saudita, dagli stati dell'Unione europea alla Cina – che di quelle guerre hanno subìto l'impatto e che quelle guerre hanno a loro volta influenzato. La contrapposizione odierna negli Stati Uniti tra un progressismo giuridico-religioso esteso ai diritti di genere e di orientamento sessuale da un lato e l'assoggettamento della libertà religiosa a un'agenda conservatrice dall'altro, suggerisce potentemente – se ce ne fosse bisogno – quanto pesino le scelte che riguardano l'interazione tra diritto e religione. A stabilire una risonanza politica e giuridica tra gli anni di *The Interaction* e i nostri, nel 2022 la sentenza Dobbs v. Jackson Women's Health Organization della Corte Suprema degli Stati Uniti ha rovesciato la sentenza Roe v. Wade del 1973 e ha autorizzato la marcia indietro sul diritto all'interruzione volontaria di gravidanza.

La quarta ragione – di natura psicologica – supera l'ambito cognitivo delle prime due ragioni – la teorica e la storica – e quello deliberativo della terza – la ragione politica – e interpella più in profondità il significato che l'interazione tra diritto e religione riveste per gli individui, le comunità, le società, l'umanità stessa. L'ipotesi di Berman, nel 1974, fu che la crisi attraversata dal mondo e dall'Occidente in particolare fosse una «crisi di integrità», nel senso peculiare ispirato dalla psicologia di Erik Erikson e illustrato nel primo capitolo del libro, ovvero una crisi collettiva rispetto al senso della nostra società nel mondo in un momento di passaggio simile a quello vissuto da un individuo all'approssimarsi della fine della vita. A una tale crisi, ipotizzava ancora Harold Berman, si poteva rispondere soltanto entrando nella già menzionata «età della sintesi», età caratterizzata da una rinnovata e rafforzata interazione tra diritto e religione. *The Interaction* interpella ancora oggi, ancor più oggi, chi non tema di addentrarsi nel profondo psichico della sfida e lì di incontrare i dilemmi della fede e dell'ordine.

La domanda perché leggere questo libro implica la domanda correlata perché leggere il libro in italiano, magari dopo averlo letto in inglese, che è come dire perché lo si è voluto tradurre in italiano. Si può rispondere con due ragioni.

La prima è di contenuto. Come avvenuto per le due opere maggiori dell'autore,[4] la traduzione amplia il respiro del testo, la sua portata, e lo mette in dialogo con l'esperienza europea. È ipotizzabile in tal senso che quella tradizione occidentale cui Berman tanto teneva risulti in qualche modo valorizzata dall'eco del suo discorso in una lingua che ha contribuito a quella stessa tradizione da una matrice culturale tanto diversa da quella dell'autore. Di modo che, se le specificità del contesto americano, private del loro proprio supporto linguistico, finiscono indubbiamente per sbiadirsi, l'essenza del contenuto per l'Occidente e per il mondo viene invece in un certo senso più in rilievo.

La seconda ragione riguarda il metodo. Come è stato per il traduttore, anche per il lettore – soprattutto per quante e quanti vorranno confrontare questa traduzione con l'originale ed immaginare le loro soluzioni alternative – le scelte lessicali e terminologiche inducono a riflettere su come comunicare oltre le lingue, oltre le culture, cioè anche in lingue e culture diverse, proprio quando è in questione quella fondamentale interazione tra diritto e religione che dipende dal contesto, ma ad esso non può restare limitata. Aumenta così la consapevolezza dello scarto, dei fraintendimenti, dell'ingannevole assunto che basti l'inglese – magari assistito dalle macchine – perché il globo comunichi.

---

[4] Si veda H.J. Berman, *Diritto e rivoluzione. Le origini della tradizione giuridica occidentale*, traduzione a cura di E. Vianello, Bologna, il Mulino, 1998. Si veda poi H.J. Berman, *Diritto e rivoluzione. II. L'impatto delle riforme protestanti sulla tradizione giuridica occidentale*, edizione italiana e traduzione a cura di D. Quaglioni, Bologna, il Mulino, 2010.

2. Religione nuova e diritto nuovo

The Interaction richiede di misurarsi con un pensiero dell'autore che proprio perché in qualche modo ancora preliminare – di certo rispetto alla consacrazione successiva con la doppia opera di *Law and Revolution* – contiene tanti spunti e obbliga dunque non soltanto a fare i conti oggettivamente con il testo, con ciò che esso contiene per tutti, ma anche a correre il rischio d'una interpretazione soggettiva, con la sensibilità e le urgenze di chi legge. Nei limiti, dunque, di una proposta soggettiva, qui si risponde alla seconda domanda, quale chiave di lettura, e si rinviene il cuore del libro nella sua definizione di diritto e religione in modo plastico, aperto, in termini mobili ed evolutivi. La stessa tradizione occidentale, sembra sostenere Berman, è tutta nel cambiamento, nel divenire, soprattutto nelle cesure, nelle «rivoluzioni». Sarà così, per l'autore, anche nel futuro. Dovranno essere superati la «vecchia religione» e il «vecchio diritto», egli scrive, perché avvenga la «creazione della religione nuova e del nuovo diritto» necessaria ad un mondo che muore e rinasce, ad una «crisi di integrità» destinata a sfociare, intravvede Berman, nell'«età della sintesi». In questa prefigurazione, nelle pagine più commosse del volume, l'autore è guidato dalla conoscenza delle fedi e dall'esperienza della fede. Tanto più per lui, ebreo convertito al cristianesimo protestante, il transito dalla vecchia alla nuova religione non è in antitesi con la tradizione, né rischia di coincidere con la fine della religione; all'opposto, è garanzia di vitalità. Analogamente, sul piano della storia e della società, egli vede necessaria, come scrive verso la fine del volume, «una esperienza psicologica collettiva di morte e rigenerazione».

Si può cogliere quanto siano fondamentali il diritto e la religione solo se li si definisce e li si vive nel loro divenire; e si può dunque cogliere quanto sia cruciale la loro interazione, in vista della «sintesi», solo se la si sa osservare e praticare nella sua dinamicità. Il rischio è alto. Berman lo assume tutto, soprattutto quando si mostra conscio della maggiore obiezione che gli si potrebbe muovere, che l'interazione non valga a prescindere, ma dipenda in fondo dalla qualità, dalla verità, della religione che interagisce col diritto. Allora, nelle ultime righe del post-scriptum, arriva al punto e si chiede: quanto detto circa la religione di cui ha bisogno il diritto «riguarderebbe tanto la falsa quanto la vera religione?», dunque anche le religioni «atee» e «secolari» come la democrazia? «Certo che sì», risponde, convinto che la loro qualità necessaria e sufficiente sia in fondo soltanto quella di porre le «questioni maledette» e purché, s'intende, le risposte vengano nella società, in interazione col diritto.

Si chiude così il post-scriptum di Berman e chi legge resta sospeso tra il fascino di una prospettazione così ampia e il disagio indotto dalla generalità di cui essa è inevitabilmente vittima. Forse per attenuare quell'effetto di cui era ben conscio, e infatti vi accenna in un certo senso nell'introduzione, Berman dedica parte del post-scriptum alla separazione tra chiesa e stato, tra diritto e religione, così cara alla tradizione americana. Come si è sopra ricordato, essa non viene rinnegata a vantaggio dell'interazione, della «sintesi», ma al contrario viene attratta in essa perché si sviluppi, si realizzi. Mai Berman attacca la storia e la teoria della separazione americana; la sua denuncia, semmai, riguarda gli eccessi e il suo suggerimento di misure specifiche – ad esempio in materia di finanziamento delle scuole confessionali – mostra bene quanto egli sia consapevole che solo nella concretezza potrà avere senso, per quanto grande, la proposta di *The Interaction*. Se grazie all'interazione, «l'età della sintesi» seguirà quella della separazione non sarà dunque per contrapposizione, ma per mutua fertilizzazione, non sarà nella retorica dei massimi sistemi, ma nella minuta fatica dei processi.

3. Cittadini e studiosi

Ci si è fin qui indirizzati al lettore non specializzato, al cittadino e alla cittadina cui questo libro può parlare – grazie alla fluidità della scrittura di Berman, alla chiarezza della sua argomentazione, alla potenza delle questioni sollevate – a prescindere dal loro retroterra in materia. Dopodiché è evidente che il volume stimoli in particolar modo gli studiosi e in modo ancor più particolare gli studiosi di diritto e religione. Questa edizione coincide non soltanto con i profondi rivolgimenti dei rapporti tra diritto e religione in America cui si è accennato sopra, ma anche con una nuova stagione dello studio di quei rapporti nel mondo e nella stessa Italia. Proprio nel 2024 due studiosi anglosassoni, Russell Sandberg e Marc DeGirolami, hanno parlato di un passaggio d'epoca e hanno suggerito nuovi modi di interpetrare la ricerca in materia.[5] In Italia ha segnato una

---

[5] Ci si riferisce anzitutto al volume di Russell Sandberg, *Rethinking Law and Religion*, Cheltenham, Edward Elgar Publishing, 2024. Ci si riferisce anche a Marc O. DeGirolami, *The Death and New Life of Law and Religion*, «Oxford Journal of Law and Religion», 2024, pp. 1-26.

svolta, da tempo discussa e dunque probabilmente non solo cosmetica,[6] il passaggio da «diritto ecclesiastico e canonico» a «diritto e religione» nella denominazione del relativo gruppo scientifico-disciplinare, ufficializzato dagli organi ministeriali proprio nel 2024. Leggere o rileggere *The Interaction* in questa temperie internazionale e italiana non può che rivelarsi, anche da questo punto di vista, estremamente significativo.

5. Fonti ispiratrici

La presente iniziativa editoriale ha quattro fonti ispiratrici.

La prima è Pasquale Annicchino. Neo-laureato nell'Università di Siena, pochi mesi prima di iniziare il suo dottorato presso il medesimo ateneo, egli ebbe l'opportunità nel 2007 di un periodo di studio presso il *Centre for the Study of Law and Religion* della Emory University di Atlanta durante il quale poté seguire l'ultimo corso di *World law* insegnato da un Harold Berman ormai quasi novantenne e prossimo alla morte che lo avrebbe raggiunto nel novembre di quello stesso anno. Al suo ritorno a Siena, Pasquale Annicchino aveva con sé una copia di *The Interaction* e propose a chi scrive di tradurre il volume. Quasi vent'anni dopo, quella proposta diviene infine realtà in questa pubblicazione che lo stesso Pasquale Annicchino arricchisce con un testo sulla biografia e l'opera di Harold Berman e con una bibliografia scelta delle pubblicazioni del maestro americano in tema di diritto e religione. Si rivolge qui il più sentito ringraziamento allo stesso Pasquale Annicchino per l'idea iniziale, il sostegno nel tempo e il contributo a questo volume.

La seconda fonte ispiratrice è John Witte Jr., allievo di Harold Berman e, dopo la morte, suo curatore letterario. Anche in questo caso si rivolge un sentito ringraziamento a John Witte Jr. per aver autorizzato la presente edizione, per il suo costante sostegno all'iniziativa e per le tante occasioni di scambio sulla traduzione.

La terza fonte ispiratrice sono alcuni maestri e colleghi la cui opera di traduzione ha rappresentato un costante esempio e incoraggiamento. Vale anzitutto menzionare Giovanni Barberini. Uscito pochi mesi prima di *The Interaction*, il suo *Stati socialisti e confessioni religiose* rappresenta uno

---

[6] Sia consentito richiamare l'analisi proposta, vent'anni fa, in Marco Ventura, *Diritto ecclesiastico e Europa. Dal Church and State al Law and Religion*, in *Il nuovo volto del diritto ecclesiastico italiano*, a cura di G.B. Varnier, Soveria Mannelli, Rubbettino, 2004, pp. 191-216.

straordinario esercizio di traduzione giuridica e linguistica – in particolare dal polacco – di cui la presente iniziativa editoriale è fortemente debitrice.[7] Va all'autore il ricordo più grato. Si desidera poi sottolineare l'esempio di Sergio Ferlito e della sua monumentale traduzione delle *Tradizioni giuridiche nel mondo* di Patrick Glenn,[8] come anche l'esempio di Paolo Costa e delle sue tante traduzioni, in particolare dell'opera *L'età secolare* di Charles Taylor.[9] Anche a Sergio Ferlito e Paolo Costa va un grande grazie.

Infine, la quarta fonte ispiratrice è il gruppo di colleghe e colleghi della collana *Ambienti del diritto*, la cui visione al contempo curiosa e rigorosa del fenomeno giuridico ha costituito, fin dal 2018, il retroterra ideale perché questo progetto potesse prendere corpo. Il pensiero più grato va qui a Cosimo Marco Mazzoni, con cui si discusse del progetto fin dall'avvio della riflessione che avrebbe portato alla nascita della collana, in una qualche continuità con la gloriosa collana *Giuristi stranieri di oggi* pubblicata da Giuffrè.[10] Un grande grazie va in particolare a Vincenzo Varano, Vittoria Barsotti, Luisa Antoniolli e Costanza Honorati. Un ringraziamento speciale va all'editore, nelle persone di Daniele Olschki e Georgia Corbo, che hanno creduto nel progetto e lo hanno accompagnato con tanta sollecitudine, e di Andrea Deligia.

Un grazie particolare, infine, va a Maria D'Arienzo che ha consentito la presentazione in forma preliminare di queste riflessioni in occasione del convegno «L'Università di Napoli e l'istituzione della prima Cattedra di Diritto Ecclesiastico nell'Italia post-unitaria» tenutosi a Napoli il 6 maggio 2024 presso il Dipartimento di Giurisprudenza dell'Università di Napoli Federico II. Al momento in cui questo volume va in stampa sono anche in corso di pubblicazione su «Diritto e Religioni» gli atti del convegno, con un testo in parte aderente a questa introduzione.

---

[7] Ci si riferisce a Giovanni Barberini, *Stati socialisti e confessioni religiose*, Milano, Giuffrè, 1973.

[8] Si veda Patrick H. Glenn, *Tradizioni giuridiche nel mondo. La sostenibilità della differenza*, presentazione e traduzione di S. Ferlito, Bologna, il Mulino, 2011.

[9] Si veda Charles Taylor, *L'età secolare*, edizione e traduzione a cura di P. Costa, Milano, Feltrinelli, 2009.

[10] Sia consentito ricordare, in proposito, Marco Ventura, *Diritto canonico e diritti comuni in Europa. Common law e ius commune in due comparazioni*, «Quaderni di diritto e politica ecclesiastica», vol. II, n. 2, 1993, pp. 415-439. Dove si prende in esame il volume di Raoul C. Van Caenegem, *I signori del diritto*, a cura di M. Ascheri, Milano, Giuffrè, 1991, uscito proprio nella collana allora diretta da Cosimo Marco Mazzoni e Vincenzo Varano.

Marco Ventura

NOTA SULLA TRADUZIONE

Si è tradotto da un esemplare dell'edizione originale acquistato online e appartenuto alla biblioteca del St. Olaf College, Northfield, Minnesota. La storia del College è strettamente legata alla Chiesa luterana norvegese e, ancora oggi, alla Evangelical Lutheran Church in America. La scheda di consultazione in calce riporta i nomi di alcuni lettori del volume alcuni dei quali, con le loro sottolineature e annotazioni a matita hanno accompagnato questa traduzione.

Chi volesse leggere l'originale e non avesse a disposizione un esemplare, può rinvenire il testo online, con qualche lacuna e imprecisione, a questo indirizzo: https://socialtheology.com/docs/berman-law-and-religion-000074.pdf.

Nel volume di Harold Berman *Law and Revolution. The Formation of the Western Legal Tradition* (Cambridge MA, Harvard University Press, 1983) è riportata una parte de *The Interaction of Law and Religion*. Nell'edizione italiana del volume (*Diritto e rivoluzione. Le origini della tradizione giuridica occidentale*, Bologna, il Mulino, 1998) la parte in questione è a pp. 55-62. Pur giovandosi di tale versione, nella traduzione di Elisabetta Vianello, ci si è qui in più punti discostati da essa. Il testo di *The Interaction of Law and Religion* è largamente incluso nel successivo volume di Harold Berman *Faith and Order: The Reconciliation of Law and Religion,* Atlanta GA, Georgia Scholars Press, 1993, di cui non risulta una traduzione italiana.

Oltre che per l'indispensabile sostegno all'impresa di questo volume già ricordato nell'introduzione, si ringrazia John Witte Jr. per i fondamentali chiarimenti su numerosi passaggi del testo.

Si ringrazia Eddy Dubois per le riflessioni sui livelli di traduzione nella teoria francese: *calque, modulation, transformation* e addirittura *transcréation*. Qui ci si è proposti di raggiungere un equilibrio tra *modulation* e *transformation*.

Il volume di Harold Berman viene riprodotto nella sua struttura originale. Ciò riguarda anche la collocazione delle note in fondo all'intero testo, divise capitolo per capitolo, in deroga alle norme della collana. L'unica alterazione è rappresentata dalle note del traduttore nel testo o nelle note. Si è anche ritenuto opportuno lasciare le citazioni in nota come nell'originale, anche in questo derogando alle norme della collana che sono osservate invece nell'introduzione e nei testi di Pasquale Annicchino.

Si è indicata l'eventuale edizione italiana delle opere citate dall'autore soltanto quando essa è stata utilizzata letteralmente per la traduzione.

Salvo quando espressamente indicato, le citazioni in nota sono sempre tradotte dall'inglese, anche quando a loro volta traduzioni da altre lingue.

Parentesi tonde e quadre sono come nell'originale. Alcune parentesi tonde dell'originale sono state tuttavia soppresse quando ciò è parso agevolare la lettura.

Virgolette e corsivi sono come nell'originale, salvo per i corsivi di parole non italiane e non entrate nell'uso comune in italiano come ad esempio «*khadi*», nel primo capitolo, che è invece in tondo nell'originale.

Si sono evitate le maiuscole salvo quando strettamente necessario, come nei casi in cui l'autore stesso o gli autori citati le usano per enfatizzare una parola. Ad esempio, nel primo capitolo, si è lasciata la maiuscola dell'originale nel passaggio «non è né divino né Vero». Il termine «chiesa» è con la minuscola per la chiesa cristiana in generale e con la maiuscola per una chiesa in particolare (es. la Chiesa cattolica). Berman utilizza l'espressione «Chiesa cattolica romana». L'aggettivo «romana» è di norma omesso in italiano, ma si è ritenuto opportuno lasciarlo per ricordare la diversa origine culturale dell'autore.

Onde evitare anacronismi, non si è compiuto alcuno sforzo di adattamento del testo alla sensibilità di taluni nostri contemporanei per il cosiddetto linguaggio inclusivo. Ad esempio, quando Berman scrive di religione come del «*man's sense of the holy*», si è tradotto «il senso dell'uomo per il sacro». Si è anche evitata ogni bonifica del testo per il timore di apparire non attenti alla sensibilità contemporanea per le discriminazioni. È il caso del riferimento al reato di omosessualità.

Per lo stesso motivo, quando ritenuto opportuno, si sono lasciati termini o usi non più correnti, come nel caso in cui l'autore antepone il titolo «professore» al nome dell'autore che cita.

Salvo rare eccezioni, si è evitato di lasciare termini inglesi che si usano ormai correntemente in italiano, spesso tuttavia con sfumature di senso diverse da quelle assunte nella lingua d'origine.

In varie occasioni si è ritenuto opportuno trasformare in singolare il plurale dell'originale. Ad esempio, il titolo del primo capitolo «*Religious dimensions of law*» è stato tradotto «La dimensione religiosa del diritto».

Talvolta l'autore traduce espressioni latine. Si è omesso di farlo quando ritenuto superfluo: ad esempio non si traduce il titolo del *Dictatus papae*, versato invece dall'autore in «*Dictates of the Pope*».

Per le citazioni dall'Antico e dal Nuovo Testamento, spesso contenute in ulteriori citazioni, si è consultata la versione cosiddetta «Nuova riveduta», cui si è acceduto online dal portale laparola.net. Essa è stata poi talvolta utilizzata testualmente, a discrezione del traduttore. Nell'originale dell'autore, come riportato nel rovescio di copertina, le citazioni dalla Scrittura sono tratte da *The New English Bible*.

Quando usato genericamente, si è preferito tradurre con «scuola» il termine «*school*» riferito all'organizzazione accademica, come nel caso di «Law School» che si traduce come «Scuola di Giurisprudenza». Prima della loro abolizione quasi generalizzata, si sarebbe tradotto con «facoltà». Si è invece conservata l'espressione originale quando specifica, come nel caso della «Yale University Law School».

Si è seguito l'uso dell'autore per i termini «*America*» e «*United States of America*».

Onde preservare la specificità americana e anglosassone, si è evitato l'uso dei termini «laico», «laicità» e «laicismo» per tradurre «*secular*» e «*secularism*» che si sono invece sempre resi nella loro versione italianizzata di «secolare» e «secolarismo». Analogamente è avvenuto, per preservare la continuità terminologica, quando il contesto avrebbe consentito di tradurre con «civile» o «temporale». Si è reso con «confessionalizzazione» l'originale «*establishment of religion*».

È parso opportuno non differenziare nella traduzione tra «*holy*» e «*sacred*». Di norma si è tradotto con «sacro» e si è preferito non utilizzare i termini santo e santità. Si è invece tradotto «*sanctify*» con «santificare», e «*sanctity*» con «santità» nel capitolo IV e nel post-scriptum.

Il termine «*belief*» è stato per lo più tradotto come «convinzione», in alcuni casi come «credenza», mai come «fede», con cui si è invece soltanto tradotto il termine «*faith*».

Al fine di rendere la maggiore gravità che nel mondo anglosassone pare assegnarsi al termine «*crisis*» rispetto a quanto avviene nell'uso del termine in italiano, si è di norma tradotto «*crisis*» con «grave crisi».

Nel capitolo I si è tradotto «*affiliation*» con «legami» in considerazione del contesto psicologico in cui il termine è usato. Si ringrazia Bianca Ventura per il confronto in proposito.

Nella sua prima occorrenza, nel capitolo I, l'espressione «*legal emotions*» è tradotta con la circonlocuzione «le emozioni che le persone provano quando sperimentano il diritto». In seguito è sempre tradotta con «emozioni giuridiche». Si veda in proposito anche la nota 11 allo stesso capitolo I.

Onde evitare malintesi, non si è mai utilizzato il termine «processo» nel senso di processo giudiziale. Si è invece tradotto «*legal process*» con «processo giuridico», nel senso di una sequenza di fasi e atti riguardanti il diritto, analogamente a quanto avviene con i più comuni «processo sociale» o «processo culturale».

È centrale nella definizione del diritto di Berman il ricorso ai termini e concetti di «*drama*», «*dramatizing*» e «*dramatization*». Si è di norma tradotto con «messa in scena» e «mettere in scena» come in questo caso: «[...] la realtà fondamentale del diritto, in ogni società, consiste nella messa in scena della sua continua produzione e riproduzione» («[...] *the basic reality [of the law] consists in the drama of its continual enactement and reenactement*», qui p. 44, p. 74 dell'originale). È stato possibile sollecitare in proposito lo stesso John Witte Jr. Ecco la sua risposta del 4 giugno 2024: «Berman intende l'espressione visibile della giustizia che viene fatta e che è osservata mentre viene fatta attraverso procedure, cerimonie e riti giudiziali, legislativi o di altra natura. Non intendeva testi o produzioni teatrali sul diritto del tipo del Mercante di Venezia. Si riferiva piuttosto al reale funzionamento del diritto in azione» («*He* [Berman] *means the visible expression of justice being done, and being seen to be done in formal judicial, legislative, or other legal proceedings, ceremonies, and rituals. It's not about plays or theatrical productions about the law – like Shakespeare's Merchant of Venice. It's rather about how actual law works formally in action*»).

Nelle sue varie occorrenze si è tradotto il termine «*policy*» in modi diversi a seconda del contesto. Si ringrazia Luca Verzichelli per il confronto sulla traduzione di «*policy science*». Anche se sono attestate le espressioni «scienza delle politiche pubbliche» o «scienza delle politiche», si è infine optato per «scienza dell'indirizzo politico».

Si ringraziano Silvia Angeletti per il confronto sull'introduzione, Gabriele Fattori per gli scambi sulla struttura del volume e Achille Mirizio per il supporto in materia di storia del cristianesimo e di storia della filosofia. Un grazie speciale a Michele Graziadei per i suoi preziosi consigli su varie parti.

Il Preambolo dell'Ecloga (capitolo 2, nota 5), tradotto dall'autore da una fonte in inglese, è stato reso alla luce dei suggerimenti a partire dall'originale greco di Simone Beta, che si ringrazia. Per le informazioni sull'Ecloga e per il testo greco si ringraziano Emanuele Stolfi, Giovanni Cossa e Iolanda Ruggiero.

Grazie ad Alessandra Costanzo per il sostegno nella resa del riferimento in nota al *De Vera et Falsa Poenitentia*.

Per il riscontro circa l'*Istituzione della religione cristiana* di Calvino, si ringraziano Paolo Naso e il Pastore Pawel Gajewski. Un particolare ringraziamento al Pastore Gajewski anche per i suoi suggerimenti sulle altre parti del volume riguardanti la tradizione protestante.

Sui riferimenti a Dostoevskij si ringrazia Claudia Zonghetti per la disponibilità e i chiarimenti, in particolare circa il termine «*starets*» per Zosima, da preferirsi al meno accurato «padre» («*father*» nell'originale di Berman).

Per la traduzione di «*situation ethics*» con «etica della situazione» si ringrazia Sandro Spinsanti. Per il supporto nella traduzione di alcuni riferimenti alla tradizione buddhista si ringrazia Stefano Davide Bettera. Per la traduzione della citazione da Yeats si ringrazia Enrico Reggiani. Per la sua lettura delle parti relative all'Unione Sovietica si ringrazia Marcello Flores. Per la traduzione del termine «*ongoingness*» applicato al diritto si ringrazia Bogdan Groza. Per la loro lettura delle parti relative rispettivamente alla storia giuridica occidentale e alla procedura penale si ringraziano Paolo Passaniti e Angela Procaccino. Per il riscontro sulla traduzione con «l'idea del sacro» dell'espressione «*the idea of the holy*», che Berman mutua da «*Das Heilige*» di Rudolf Otto, si ringrazia Vincenzo Pace. Per il confronto sulla citazione di Harvey Cox in nota, si ringrazia Vittoria Baker. Si ringraziano anche per il loro prezioso supporto Saul Meghnagi, Riccardo Pavoni e Jeff Shapiro.

La traduzione resta naturalmente di esclusiva responsabilità del traduttore.

Harold J. Berman

L'interazione tra diritto e religione

The Interaction of Law and Religion
Nashville-New York, Abingdon Press, 1974

A Eugen Rosenstock-Huessy (1888-1973)

PREFAZIONE

Vengono qui pubblicate le *Lowell Lectures on Theology* che ho tenuto presso la Boston University nel 1971. Al testo delle conferenze, praticamente nella stessa versione della presentazione orale, sono stati aggiunti una breve introduzione, un post-scriptum e le note.

Ho pensato le conferenze per un pubblico ampio e per questo non si tratta di conferenze di teologia nel senso abituale del termine. Le affido in forma di pubblicazione all'interesse di quanti desiderano comprendere le relazioni tra le strutture istituzionali di una società e le convinzioni fondamentali da cui quella stessa società è caratterizzata.

Ringrazio il preside Walter Muelder e il professor Robert Nelson della Boston University School of Theology e il preside Paul Siskind della Boston University School of Law dello stesso ateneo. Devo a loro l'invito a tenere le conferenze. Desidero ringraziare George Avery, Walter Miller, William Stringfellow, Bascomb Tally e Joseph C. Weber per aver discusso al termine dell'ultima conferenza le questioni che ho posto. I loro commenti mi hanno guidato nella redazione del post-scriptum e delle note. Sono anche grato a William Alexander e a William Anderson, all'epoca studenti della Harvard Law School, per la preziosa assistenza fornitami durante la ricerca preparatoria nell'estate del 1970, quando le conferenze hanno iniziato a prendere forma. Grazie poi a James Gordley, allora *graduate student* in giurisprudenza, per i suoi importanti commenti sul manoscritto. Infine esprimo il mio debito verso il collega Roberto M. Unger della Harvard Law School e verso Edward Long del Department of Religion dell'Oberlin College: con entrambi ho avuto la possibilità di discutere le conferenze in profondità; da entrambi ho ricevuto critiche preziose.

H.J.B

Cambridge, Massachussetts
29 maggio 1973

Indice

INTRODUZIONE

Questo libro nasce da una serie di conferenze. Non è un trattato o una monografia nei quali si dimostrano teorie elaborate: esso intende piuttosto affermare alcune cose e metterne in discussione altre. In tal senso, anche se si occupa di questioni eterne, il libro non si colloca fuori dal tempo; al contrario, intende parlare al proprio tempo.

L'affermazione principale del libro è che il diritto e la religione sono due aspetti differenti, ma interrelati, in quanto dimensioni dell'esperienza sociale presenti in ogni società, specialmente in quella occidentale e ancor più specialmente in quella americana di oggi. Anche se questi due aspetti sono in tensione, uno non può fiorire senza l'altro. Senza (ciò che chiamo) religione, il diritto degenera in legalismo meccanicistico. Senza (ciò che chiamo) diritto, la religione perde la sua consistenza sociale.

Parte del pubblico delle mie conferenze avrebbe voluto che si desse maggior rilievo ai conflitti tra diritto e religione. In effetti c'è il pericolo di semplificare eccessivamente il modo in cui diritto e religione si raccordano. Ciò accade quando si trascura il fatto che si tratta di una sintesi dialettica, di una sintesi di opposti. Il post-scriptum è stato scritto per scongiurare questo pericolo. Tuttavia, per ragioni spiegate in quella sede oltre che nelle conferenze stesse e dunque nel libro, sono convinto che sia stato detto fin troppo circa la separazione di diritto e religione e non abbastanza in merito alla loro fondamentale unità. Qui è bene sottolineare che parlo di diritto e religione nella loro accezione più ampia. Per diritto si intendono le strutture e i processi di allocazione dei diritti e dei doveri in una società. Per religione si intendono le intuizioni fondamentali circa il senso e lo scopo ultimi della vita, nonché l'impegno per il loro perseguimento.

Quando la concezione prevalente di cosa siano il diritto da una parte e la religione dall'altra diventa troppo angusta, sì da rompere i nessi tra l'uno e l'altra, la società tende a demoralizzarsi. Le strutture e i processi istituzionali esistenti perdono la loro sacralità e specularmente i valori sacri su cui si fonda la società finiscono con l'apparire una mera ipocrisia. Alla fine, una tale perdita di fiducia si risolve in una diffusa domanda di cambiamento radicale. Tale era la situazione in America, e non solo in America, quando ho dato queste conferenze. Come accaduto anche altrove, per diversi anni il paese era stato scosso dai movimenti radicali della cultura giovanile e della Nuova Sinistra, dal movimento pacifista, da quello per la liberazione delle donne e per i diritti dei neri e da altri movimenti ancora. Le grandi ideologie della democrazia, del socialismo e delle varie forme di comunismo, che erano parse quasi inerti negli anni Cinquanta, si sono riaccese nel corso degli anni Sessanta. Questi movimenti hanno contestato le strutture e i processi istituzionali esistenti in nome dei valori fondamentali – che chiamerei valori religiosi – sui quali è fondata la civiltà occidentale. La maggior parte di questi movimenti, tuttavia, non ha offerto una valida alternativa. Alcuni di essi si sono addirittura posti in termini anti-giuridici e anti-istituzionali. Si sono così consegnati alla reazione del potere costituito, per lo più tesa soltanto a ripristinare l'ordine pubblico.

Nel 1973, mentre scrivo questa introduzione, la maggior parte dei movimenti radicali del periodo successivo al 1968 sembrano essersi acquietati, almeno per il momento. È come se si fosse tornati a una fase di generale demoralizzazione. Forse queste conferenze sono più tempestive che mai. Dicono ai vertici che un popolo non può vivere a lungo senza impegno, senza entusiasmo, senza lotta, senza fede. Però dicono anche ai radicali che una rivoluzione non può riuscire se le manca una grande visione del cambiamento istituzionale e strutturale, una visione non soltanto del diritto e della religione ciascuno per suo conto, ma della interazione tra i due. Ove poi l'intera società avesse abbracciato una tale visione, la rivoluzione non sarebbe più necessaria perché sarebbe già avvenuta.

I quattro capitoli che seguono assumono quattro prospettive differenti. La prima è antropologica: ha a che fare con il diritto e la religione quali dimensioni di ogni cultura e sostiene in proposito che in ogni cultura, anche nella nostra, oggi, il diritto e la religione condividono certi elementi quali il rito, la tradizione, l'autorità e l'universalità. Tali elementi religiosi del diritto non sono sufficientemente sottolineati dai giuristi contemporanei. Al contrario, il diritto è presentato in generale come un sistema utilitarista, secolare e razionale: come un modo per ottenere risultati. Non appena però si passa dal diritto scritto ai processi giuridici mediante i quali il diritto viene prodotto, interpretato e applicato, si possono vedere i simboli della sacralità che lo sottende. Ciò vale tanto per un parlamento o un tribunale in America quanto per una qualsiasi procedura in una comunità tribale. Se non si crede in esso, il diritto non funziona. Perché il diritto non coinvolge soltanto la ragione e la volontà dell'uomo, ma anche le sue emozioni, le sue intuizioni, il suo impegno, la sua fede.

Il secondo capitolo assume la prospettiva storica. Si occupa infatti dell'influenza della religione sul diritto occidentale nel corso degli ultimi duemila anni. Ciò include l'influenza non soltanto dell'ebraismo e del cristianesimo della tradizione, ma anche delle religioni secolari della democrazia e del socialismo nelle quali si sono tradotte le posizioni del cristianesimo e si sono riversati i suoi valori nel corso degli ultimi due secoli. Si sostiene principalmente che i nostri concetti giuridici e le nostre istituzioni fondamentali traggono buona parte del loro significato da un processo storico nel quale la religione ha avuto un grande ruolo. Il concetto di continuo divenire del diritto, di crescita organica nel succedersi delle generazioni e dei secoli, è esso stesso un concetto religioso le cui radici vanno rinvenute nell'ebraismo e nel cristianesimo. In più, a partire dall'undicesimo secolo, nella storia occidentale il divenire della tradizione giuridica è stato periodicamente interrotto da grandi rivoluzioni, ognuna delle quali ha contestato il sistema giuridico preesistente in nome di una visione religiosa o quasi-religiosa dalla quale sono risultate nuove istituzioni giuridiche.

Il terzo capitolo sposta l'attenzione dalla dimensione religiosa del diritto alla dimensione giuridica della religione. La prospettiva qui si fa filosofica. Ci si sforza di esporre le incongruenze di quelle scuole di pensiero religioso per le quali sussiste una irriconciliabile contraddizione tra diritto e amore, diritto e fede, diritto e grazia. In tutte le religioni, anche nelle più mistiche, ci si preoccupa dell'ordine sociale e della giustizia sociale; ci si preoccupa, cioè, del diritto all'interno della comunità religiosa stessa, ma anche nella società di cui la comunità religiosa è parte. Nell'ebraismo e nel cristianesimo il diritto è inteso come una dimensione dell'amore di Dio, della fede e della grazia; entrambi l'ebraismo e il cristianesimo insegnano che Dio è al contempo giusto *e* misericordioso, che è giudice compassionevole e legislatore amorevole, e che questi due aspetti della sua natura non sono in contraddizione l'uno con l'altro. Le tendenze antigiuridiche nel pensiero protestante e cattolico contemporaneo – la convinzione che le strutture e i processi dell'ordinarsi di una società siano estranei alle qualità più alte dell'uomo e alle sue somme aspirazioni – trovano rispondenza nelle tendenze apocalittiche secolari della «contro-cultura» quali sperimentate in tante delle comuni fiorite in America negli anni Sessanta e all'inizio degli anni Settanta. E tuttavia la spontaneità, la gioia, la scoperta di sé, lo stare insieme e altre grandi qualità e aspirazioni di tali gruppi non possono realizzarsi nel lungo periodo senza strutture e processi, senza norme.

La prospettiva del quarto capitolo è più difficile da classificare. Il capitolo esplora la sfida che l'uomo occidentale affronta nell'era rivoluzionaria da cui stiamo solo ora iniziando ad emergere, nella quale i sistemi giuridici e religiosi sono falliti e non sembra esserci nulla a disposizione per sostituirli. In questo caso la prospettiva può essere definita escatologica. Poiché viviamo tra due mondi, da un lato partecipiamo all'agonia dei vecchi ordini giuridico e religioso e dall'altro intravvediamo la loro rigenerazione. Peraltro, a morire non è tanto la struttura istituzionale dei due ordini (che in realtà sembra possedere uno straordinario potere di resilienza); stanno piuttosto morendo le fondamenta sulle quali quella struttura è stata edificata. Parte rilevante di quelle fondamenta è l'assunto che diritto e religione sono aspetti della vita interamente separati l'uno dall'altra, che il modo in cui gestiamo la nostra società non deve avere niente a che fare con la nostra intuizione e il nostro impegno più profondi, e viceversa. Questa radicale separazione tra diritto e religione riposa su una maniera di pensare dualista che a più riprese ha minacciato l'integrità dell'uomo occidentale durante gli ultimi nove secoli. Secondo tale maniera di pensare, il soggetto è radicalmente separato dall'oggetto, la persona dall'atto, lo spirito dalla materia, l'emozione dall'intelletto, l'ideologia dal potere, l'individuo dalla società. Il superamento di questi dualismi è la chiave del futuro. La nuova età che intravediamo è l'età della sintesi. I vecchi dualismi morenti lasciano immaginare una rinascita che avverrebbe attraverso esperienze di comunità – a tutti i livelli, dalle comuni alle Nazioni Unite – capaci di riconciliare i valori giuridici con quelli religiosi.

Ora che ho ricapitolato i temi generali dei vari capitoli sono ancora più consapevole dello scarto tra la piccola taglia del libro e la grandezza dei temi stessi. Trattarli sistematicamente ed esaustivamente richiederebbe un'intera enciclopedia. Questo libro, invece, intende proporre la questione in uno stato embrionale, anche se non rinuncia alla pretesa, dal punto di vista della scienza convenzionale, di rivelarsi un utile strumento in vista di future ricerche.

In effetti i vari temi qui trattati non sono stati largamente affrontati nella letteratura scientifica. A mia conoscenza, fino ad ora non esiste un'opera antropologica che si occupi direttamente del ruolo del rito, della tradizione, dell'autorità e dell'universalità nella vita del diritto; vi sono semmai libri su questi quattro elementi nelle grandi religioni del mondo. Né mi risulta esservi un lavoro storiografico che si occupi direttamente dell'influenza della religione sullo sviluppo storico del diritto occidentale; anzi, non sembrano esservi studi sistematici neppure sull'influenza del diritto canonico della Chiesa cattolica sui sistemi giuridici secolari dell'Occidente, nonostante sembri difficilmente contestabile che tale influenza vi sia stata e pure in misura considerevole. Gli stessi scarsi studi circa l'influenza del puritanesimo sul diritto inglese e americano nel diciassettesimo e diciottesimo secolo non sono che un inizio del racconto di cui abbiamo bisogno. Soprattutto, la derivazione storica dei concetti occidentali di democrazia e socialismo dai concetti del cristianesimo occidentale, di cui peraltro si sente spesso far cenno, non mi risulta sia stata ancora oggetto di ricerca sistematica.

Circa il tema principale del terzo capitolo – le tendenze anti-giuridiche nel pensiero cristiano – è stato scritto molto; il capitolo riassume la letteratura e rinvia ad alcuni riferimenti nelle note. Invece, sul secondo tema del capitolo medesimo – le tendenze anti-giuridiche nella contro-cultura e nelle comuni – la ricerca empirica resta in gran parte da fare.

Infine, il quarto capitolo pone la questione dei differenti approcci al diritto del cristianesimo orientale e occidentale da un lato e del cristianesimo e delle religioni non cristiane dall'altro. Il capitolo prospetta anche la questione del rapporto tra la sociologia della rivoluzione e l'escatologia cristiana. Anche in questo caso si tratta di questioni spesso sollevate – magari in modo simile a quanto avviene in questa sede – ma non ancora studiate ed elaborate con sistematicità.

L'ampliamento del libro è allora lasciato al lettore, il quale potrà servirsi di queste pagine come punto di partenza per ulteriori ricerche, così da evitare all'autore il cruccio di aver scritto un volume così breve e così eclettico (in realtà ogni ricerca che cerchi di integrare le discipline del sapere già consolidate non può che apparire incompleta ed eclettica agli occhi degli specialisti di quelle discipline).

Lo scopo primario di questo libro non è quello di rappresentare un saggio di ricerca scientifica nel senso in cui questa troppo abusata espressione viene abitualmente adoperata. Il volume è invece teso anzitutto a ricordare a noi stessi e agli altri che i compartimenti nei quali abbiamo diviso il mondo non sono unità indipendenti e che se non li apriamo l'uno all'altro essi finiscono per imprigionarci e soffocarci. I giuristi studiano e praticano i loro concetti e le loro tecniche; i seminaristi si preoccupano delle cose dello spirito; i professori coltivano le loro varie discipline. Ma gli dei del diritto e gli dei della religione, e poi i molteplici altri dei della nostra società, non saranno capaci di darci la visione di cui abbiamo bisogno per conservare la nostra integrità di popolo e di civiltà. Quella visione deve superare le divisioni che minacciano di distruggerci. Qui parlo non tanto delle divisioni di nazione, razza, classe, sesso e generazione, ma soprattutto delle divisioni all'interno delle nostre menti e dei nostri cuori, delle divisioni nel modo in cui vediamo e sentiamo le cose. Perché quelle che fin qui abbiamo visto e sentito come dimensioni tra loro divise devono ora essere intese come dimensioni interagenti e interdipendenti di un unico processo storico.

I.
LA DIMENSIONE RELIGIOSA DEL DIRITTO

L'uomo occidentale sta attraversando una grave crisi di integrità simile a quella che molti uomini e molte donne sperimentano quando arrivano a cinquant'anni e si interrogano con la massima gravità, spesso nel panico, sul senso delle vite che hanno vissuto e su cosa li aspetta all'orizzonte. Ci stiamo ponendo la stessa domanda oggi non solo come individui, ma come nazioni e come gruppi all'interno delle nazioni. Di fronte alla nostra intera cultura sembra profilarsi la possibilità di un crollo nervoso.[1]

Un primo sintomo del crollo che ci minaccia è la pesante perdita di fiducia nel diritto da parte non soltanto dei suoi consumatori, ma anche dei produttori e dei distributori. Un secondo sintomo è l'altrettanto pesante perdita di fiducia nella religione, anche in questo caso non soltanto da parte di quanti siedono sui banchi delle nostre chiese e sinagoghe (almeno in occasione di funerali e matrimoni), ma anche di chi parla dal pulpito. Gli storici diranno che ogni generazione si lamenta perché la gente va perdendo la fede nella religione e il rispetto del diritto. Può anche darsi che vi siano più europei ed americani che praticano la religione e rispettano la legge oggi di quanti non ve ne siano stati in altre epoche della nostra storia. Nondimeno i sintomi di una crisi di integrità sono talmente evidenti da far ritenere esclusa ogni possibilità di errore. Tra i primi segnali in tal senso vanno ricordati quelli lanciati dopo la Prima guerra mondiale da quegli artisti, poeti e romanzieri – uomini come Picasso e Joyce – la cui opera rivelava come le concezioni tradizionali dello spazio e del tempo, ma anche del linguaggio stesso, andassero disintegrandosi fino addirittura a crollare. Vennero poi le rivolte degli anni Trenta, quando gli scienziati sociali diagnosticarono che le tradizionali strutture sociali, politiche ed economiche avevano ormai perso ogni validità. Mentre l'Europa veniva lacerata da nuove mitologie rivoluzionarie, l'America si ritirò su se stessa. Ironia della sorte, la Seconda guerra mondiale sollevò temporaneamente le nazioni dell'Occidente; scoprimmo che dopo tutto eravamo capaci di agire collettivamente e di sacrificarci in prima persona per obbiettivi tradizionalmente comuni. Quello spirito fu mantenuto in vita artificialmente per un po' dopo la guerra, specialmente dalla campagna contro il comunismo. Ma a partire dalla fine degli anni Cinquanta abbiamo sperimentato sempre più un senso di inutilità e una premonizione d'infausto destino, i segnali più evidenti dei quali sono il progressivo indebolimento morale delle città, la profonda frustrazione di una significativa porzione di giovani e l'incapacità delle nazioni di agire con decisione per la pace entro i confini nazionali e all'estero.

Ciò che rende tutto ciò una crisi di integrità, e non di altro, è proprio il rapporto con la perdita di fiducia nella religione e nel diritto. Nei secoli che hanno preceduto la Prima guerra mondiale, la religione e il diritto – specialmente in America – costituivano il patrimonio della nostra vita collettiva. Essi incarnavano il nostro senso di uno scopo comune e la nostra idea di ordine e di giustizia sociale, ovvero, nelle parole di Erikson, «lo stile di integrità sviluppato dalla [nostra] civiltà».[2] Se davanti alle forme della religione e del diritto ci sentiamo disillusi è a causa di una profondissima perdita di fiducia nei valori religiosi e giuridici fondamentali, di un declino della credenza in ogni tipo di realtà trascendente che dia senso alla vita, come anche nelle strutture e nei processi da cui dipendono l'ordine e la giustizia sociale, cui si accompagna un declino del nostro impegno verso tutto ciò. Lacerati dai dubbi circa la realtà dei valori che ci hanno sostenuti in passato, ci troviamo faccia a faccia con una prospettiva di morte.

Come spiegare la nostra disillusione nei confronti del diritto e della religione? Le cause naturalmente sono tante. Una di esse, credo, è la radicale separazione dell'uno dall'altra. A sua volta, ciò si deve in parte alla nostra incapacità di stabilire la giusta connessione da un lato tra i sistemi giuridici e religiosi formali e dall'altro tra i valori giuridici e religiosi ad essi sottesi, cioè tra quei valori cui mi riferivo sopra. Tanto le scuole di giurisprudenza quanto quelle di teologia hanno la loro parte di responsabilità per la ristrettezza e la rigidità del nostro pensiero in materia.

Se vediamo il diritto soltanto come lo definiscono i dizionari, come una struttura o un «corpo» di regole date dall'autorità politica, e allo stesso modo vediamo la religione soltanto come un sistema di convinzioni e pratiche relative al soprannaturale, i due appaiono connessi l'uno con l'altro solo alla lontana oppure in pochi aspetti limitati e specifici. In realtà, entrambi sono molto di più. *Il diritto non è soltanto un corpo di regole; è fatto di persone che legiferano, giudicano, amministrano, negoziano, è un processo vivo di allocazione dei diritti e dei doveri e perciò di risoluzione dei conflitti e creazione di canali di cooperazione. La religione non è solo una serie di dottrine ed esercizi; è fatta di persone che manifestano una preoccupazione collettiva per il senso e lo scopo ultimi della vita, è l'intuizione condivisa dei valori trascendentali e l'impegno verso tutto ciò.* Il diritto aiuta a dare alla società la struttura, la forma necessaria a mantenere la coesione interna; il diritto combatte l'anarchia. La religione aiuta a dare alla società la fede necessaria per affrontare il futuro; la religione combatte la decadenza.[3]

Si tratta di due dimensioni delle relazioni sociali, ma anche della natura umana, che sono in tensione l'una con l'altra: mediante la sua stabilità, la legge limita il futuro; mediante il suo senso del sacro, la religione sfida le strutture sociali esistenti. Ciascuna, tuttavia, è anche una dimensione dell'altra. Le convinzioni di una società circa lo scopo trascendente ultimo si manifesteranno inevitabilmente nei modi in cui quella società è ordinata. Analogamente i modi in cui una società viene ordinata si manifesteranno in ciò che essa crede circa il suo scopo ultimo. Non a caso in alcune società (ad esempio nell'antico Israele) la legge, la Torah, è la religione. Del resto, anche in quelle società in cui si opera una netta distinzione tra religione e diritto, le due dimensioni sono necessarie l'una all'altra: il diritto per dare alla religione la sua consistenza sociale e la religione per dare al diritto il suo spirito e la sua direzione, nonché la sacralità di cui esso necessita per farsi rispettare. Laddove siano separati l'uno dall'altra, il diritto tende a degenerare in legalismo e la religione in religiosità.

Chiarito ciò, in questo primo capitolo parlerò principalmente della dipendenza del diritto dalla religione.

La ricerca antropologica conferma che in tutte le società il diritto condivide con la religione quattro elementi: il rito, la tradizione, l'autorità e l'universalità.[4] In ogni società, come cercherò di dimostrare, questi quattro elementi simboleggiano lo sforzo dell'uomo di raggiungere una verità che lo supera. Gli elementi connettono dunque l'ordine giuridico di ogni società alle convinzioni di quella società circa la realtà ultima, trascendente. Allo stesso tempo, i quattro elementi rendono sacri i valori giuridici e in tal modo rafforzano le emozioni che le persone provano quando sperimentano il diritto: il senso dei diritti e dei doveri, la rivendicazione di un giusto contraddittorio, il rifiuto dell'incoerenza nell'applicazione delle regole, il desiderio di eguale trattamento, il sentimento stesso di fedeltà alla legge e il suo correlato, la ripugnanza per l'illegalità. Fondamento indispensabile di qualsiasi ordine giuridico, queste emozioni non possono alimentarsi in modo soddisfacente della sola etica utilitarista; richiedono invece di essere sostenute dalla convinzione che esse siano essenzialmente e definitivamente giuste. È suicida la concezione prevalente nelle società occidentali contemporanee secondo la quale il diritto sarebbe principalmente uno strumento per attuare le politiche di chi è al potere. Quando pensiamo al diritto in termini di mera efficienza, è in realtà proprio di quella efficienza che lo priviamo. Sicché se non prestiamo adeguata attenzione alla sua dimensione religiosa, sottraiamo al diritto la capacità di rendere giustizia e in fondo di sopravvivere.

Il modello secolare-razionale

Un pesante onere della prova grava sulle spalle di chi voglia sostenere che gli elementi religiosi svolgano un ruolo indispensabile nell'effettivo funzionamento del diritto e che ciò riguarda non soltanto le ere passate della nostra storia oppure le culture non-occidentali, ma anche i paesi moderni e tecnologicamente avanzati dell'Occidente, tra cui gli odierni Stati Uniti.

È convenzione comune che si dia esattamente l'opposto: che nonostante il diritto nella maggior parte delle culture possa esser derivato originariamente dalla religione, e sebbene in certe fasi come durante il Medioevo cattolico o nell'età del puritanesimo il nostro diritto possa aver contenuto elementi religiosi, questi sono stati gradualmente espunti durante gli ultimi due secoli, di modo che oggi quasi nulla residui di essi. Di più, si conviene di norma che il diritto moderno vada spiegato in meri termini strumentali, ovvero quale mezzo consapevolmente elaborato al fine di attuare determinati indirizzi politici, economici e sociali.

Le scienze sociali contemporanee usano i termini «secolare» e «razionale» per caratterizzare il diritto moderno.[5] Il presunto secolarismo del diritto è fatto risalire al declino della fede nel diritto divino o in un diritto naturale da esso ispirato. Il diritto dello stato moderno, si dice, non riflette in alcuna maniera il senso e lo scopo ultimi della vita; il suo compito, invece, è finito, materiale, impersonale: è quello di realizzare le cose, di far agire la gente in certi modi.

La concezione del carattere secolare del diritto è strettamente collegata a quella della sua razionalità, nel senso tutto particolare che questo termine ha assunto tra gli scienziati sociali. Quando induce le persone ad agire in un certo modo, chi produce diritto fa appello alla loro capacità di calcolare le conseguenze della loro condotta, di misurare l'interesse proprio e altrui, di soppesare premi e punizioni. In questo modo l'uomo giuridico, come suo fratello l'uomo economico, è concepito come un individuo che usa la testa e sopprime i suoi sogni, le sue convinzioni, le sue passioni, la sua preoccupazione per lo scopo ultimo. Al contempo, il sistema giuridico nel suo insieme, proprio come il sistema economico, è visto come una enorme macchina complessa – una burocrazia, nell'accezione di Max Weber – nella quale unità individuali svolgono ruoli specifici sulla base di specifici incentivi e istruzioni, indipendentemente dallo scopo dell'intera intrapresa.

Il contrasto tra questa concezione del diritto e la concezione della religione che si accompagna ad essa è stato espresso di recente dal professor Thomas Franck della New York University. Al contrario della religione, egli scrive, il diritto «è divenuto senza infingimenti un processo umano pragmatico. Esso è fatto da uomini e non ha pretesa alcuna di possedere una origine divina o di essere valido in eterno». Il professor Franck giunge così alla conclusione che un giudice, quando pronuncia una sentenza, non propone una verità, ma risolve sperimentalmente un problema, e se la sua decisione è rovesciata da una corte superiore o se un tribunale ne rigetta successivamente la dottrina, non significa che sia sbagliata, ma soltanto che è insoddisfacente o che lo è divenuta nel corso del tempo. Avendo rotto con la religione, afferma Franck, il diritto si caratterizza ora per il suo «relativismo esistenziale». È infatti oggi generalmente accettato «che nessuna decisione giudiziale può mai essere "finale", che il diritto da un lato segue gli eventi (non è né eterno né certo) e dall'altro è fatto dall'uomo (non è né divino né Vero)».[6]

Franck riconosce che se si proclamasse questa filosofia a voce troppo alta potrebbe esserci un certo prezzo da pagare in termini di rispetto della legalità. Se il sistema giuridico sembra più pronto «ad essere sfidato», esso è dunque anche meno capace di «ispirare una incondizionata lealtà di massa». Andiamo un passo oltre e chiediamoci cos'è che ispira non magari una incondizionata lealtà di massa al diritto, ma semplicemente una generale volontà di rispettarlo. Se il diritto è un mero esperimento e se le sentenze di un tribunale sono solo impressioni, perché gli individui e i gruppi dovrebbero osservare le regole giuridiche o le ingiunzioni che non rispondono ai loro interessi?

La risposta che danno di norma i sostenitori della teoria strumentale è che in generale le persone rispettano il diritto perché temono le sanzioni che verranno imposte dalle autorità incaricate. Questa risposta non è mai stata soddisfacente. Come la ricerca psicologica ha ormai dimostrato, fattori come la fiducia, la correttezza, la credibilità e i legami sono molto più importanti della coercizione nell'assicurare l'obbedienza alle norme.[7] È proprio quando riscuote fiducia e pertanto non necessita di sanzioni che il diritto è efficiente; in questo modo lo stato di diritto non è obbligato ad essere presente ovunque con la forza pubblica. La prova di ciò può vedersi nel fatto che il ramo del diritto che dispone delle sanzioni più severe, ovvero il diritto penale, si è rivelato impotente nelle nostre città proprio perché abbiamo fallito nell'assicurare il rispetto della legge con altri mezzi. Come tutti sanno, oggi non c'è forza di polizia che tenga davanti al crimine nelle aree urbane. In ultima analisi, l'unica deterrenza efficace è la tradizione del rispetto della legge, a sua volta possibile solo sulla base della profonda e sentita convinzione che il diritto non è soltanto strumentale rispetto ad una politica secolare, ma anche parte dello scopo e del significato ultimo della vita.

Il diritto stesso, in tutte le società, incoraggia a credere nella propria sacralità. Esso avanza la pretesa di essere obbedito in modi che fanno appello non solo agli interessi materiali, impersonali, finiti e razionali delle persone cui si chiede di osservare le leggi, ma anche alla loro fede in una verità e in una giustizia che trascendono l'utilità sociale, e cioè in modi che non corrispondono all'identikit del diritto secolare e strumentale sostenuto dalla teoria oggi prevalente. Persino Stalin ha dovuto reintrodurre nel diritto sovietico elementi che spingessero le persone a credere nella sua intrinseca correttezza, elementi emotivi, addirittura sacri; altrimenti la forza persuasiva del diritto sovietico sarebbe completamente svanita e neppure Stalin, allora, avrebbe potuto governare soltanto attraverso la minaccia dell'uso della forza. Pur scatenando tutto il suo terrore contro i potenziali nemici, Stalin ha dovuto così invocare la «legalità socialista» come fonte di sostegno tra le masse popolari e ha dovuto ricorrere ad essa e alla «stabilità del diritto» per tentare di ripristinare la dignità dei tribunali sovietici e la sacralità dei diritti e dei doveri dei cittadini dell'Unione Sovietica.[8]

Allo stesso modo, è suicida l'idea che il diritto sia tutto appiattito sull'esistente, tutto relativo alle circostanze di tempo e luogo, che non possa essere misurato secondo uno standard di verità o di rettitudine, ma solo secondo uno standard di operatività, e ancora che esso non abbia «pretesa alcuna di possedere una origine divina o di essere valido in eterno».[9] Questo può funzionare in un'aula universitaria, ma non in tribunale o in Parlamento. Sentenze o leggi che si propongano di essere mere impressioni o esperimenti sono prive della credibilità da cui dipende, in fondo, l'osservanza del diritto da parte non solo delle «masse», ma anche di tutti noi e specialmente di giudici e legislatori.

In qualità di docente e di autore, Thurman Arnold spinse la teoria chiamata del «realismo giuridico» all'estremo di un vero e proprio cinismo. Una volta nel 1947, durante una lezione alla Yale Law School, mentre già avanti con gli anni presentava la sua tesi che i giudici decidono unicamente sulla base dei loro pregiudizi, fu interrotto da uno studente che gli chiese se anche lui, come giudice, si comportava così. Arnold fece una pausa prima di rispondere; parve trasformarsi da Mister Hyde in Dottor Jekyll mentre in lui il professore cedeva il posto al giudice. Rispose: «Beh, possiamo stare qui in aula ad analizzare la condotta dei giudici, ma quando indossi la toga e siedi in alto sul tuo scranno e ti chiamano "vostro onore", *devi* credere che stai agendo sulla base di un parametro oggettivo».[10]

Elementi comuni a diritto e religione

Il modello secolare-razionale trascura l'importanza di certi elementi del diritto che trascendono la razionalità e in particolare di quegli elementi che il diritto condivide con la religione. L'approccio è fallace perché vede il diritto primariamente come un corpo di regole e sottovaluta il contesto in cui le regole vengono enunciate. Se si comprende il diritto come un processo umano attivo e vivente, allora si può vedere come esso coinvolga – esattamente come fa la religione – l'intero essere dell'uomo, ivi compresi i suoi sogni, le sue passioni, le sue preoccupazioni ultime.

Vi sono quattro canali principali attraverso i quali il diritto inquadra e comunica valori ultra-razionali. Anzitutto attraverso il *rito*, con procedure cerimoniali che simboleggiano l'oggettività del diritto; in secondo luogo attraverso la *tradizione*, con il linguaggio e le pratiche provenienti dal passato che simboleggiano il divenire del diritto; in terzo luogo attraverso l'*autorità*, con l'affidamento a quelle fonti scritte e orali che sono considerate come intrinsecamente munite della capacità di decidere, sicché l'autorità simboleggia il potere vincolante del diritto; infine, attraverso l'*universalità*, con la pretesa di incarnare concetti o intuizioni universalmente validi che simboleggia la connessione del diritto con una verità onnicomprensiva. Questi quattro elementi – rito, tradizione, autorità, universalità – sono presenti in tutti i sistemi giuridici, proprio come sono presenti in tutte le religioni. Essi definiscono in ogni società (in alcune, naturalmente, meno che in altre) il contesto in cui sono enunciate e da cui traggono legittimazione le regole giuridiche.

Colpisce come nell'episodio riferito sopra Thurman Arnold abbia sottolineato l'effetto che hanno avuto su di lui, in quanto giudice, i simboli dell'ufficio che ricopriva, tra cui la toga, la posizione nell'aula, le formule utilizzate per rivolgersi alla corte. Si suppone che questi simboli imprimano non soltanto nel giudice, ma in tutti coloro che sono coinvolti nella procedura e addirittura nella società intera, la convinzione che chi sia incaricato della terribile responsabilità di giudicare debba mettere da parte le sue idiosincrasie e i suoi preconcetti personali, ovvero i suoi *pre*-giudizi. Similmente quanti partecipano al processo – tra cui i giurati, gli avvocati, le parti, i testimoni – si vedono assegnato il ruolo rispettivo dal cerimoniale di apertura («In piedi! Entra la Corte»), dall'ordine di comparizione, dai giuramenti, dalle formule di indirizzo e dai tanti altri riti che caratterizzano il gioco processuale. Non si tratta di un «liberi tutti», in cui ciascuno «è se stesso». Al contrario ogni partecipante assoggetta la propria personalità alle regole della procedura. Vanno in scena così i grandi ideali della giustizia: l'oggettività, l'imparzialità, la coerenza, l'eguaglianza, la correttezza. Come si dice in inglese, la giustizia non deve soltanto essere fatta, ma deve anche essere *vista* mentre viene fatta. Ciò non significa che se non è vista non è accettata, ma che se non è vista non è giustizia. Nella celebre frase di Marshall McLuhan, «il mezzo è il messaggio».

I riti del diritto (che oltre al giudizio includono la legislazione, l'amministrazione, la negoziazione), come quelli della religione, mettono in scena in modo solenne valori profondamente condivisi. La messa in scena è necessaria, tanto nel diritto quanto nella religione, non soltanto perché tali valori siano espressi, non soltanto per rendere manifesta la convinzione che essi sono utili per la società, ma anche perché a livello emotivo si creda che essi sono parte del significato ultimo della vita. Ancor più, i valori non esistono, non hanno significato, al di fuori del processo attraverso il quale sono messi in scena. In virtù della loro messa in scena simbolica nei vari rituali – giudiziario, legislativo o altro – gli ideali della giustizia vengono in essere primariamente in quanto relativi non a ciò che è utile, ma a ciò che è sacro, non primariamente in quanto ideali, ma in quanto emozioni condivise, come nel caso del comune senso dei diritti e dei doveri, dell'esigenza che il processo sia giusto, dell'avversione per l'incoerenza, della passione per l'eguaglianza di trattamento, del rigetto dell'illegalità e dell'impegno per la legalità.

I filosofi morali attribuiscono le convinzioni circa la giustizia alla capacità dell'uomo di ragionare. Qui però parliamo di qualcosa di diverso e cioè di emozioni, e non di emozioni morali, ma di emozioni giuridiche.[11] Una volta il giudice Holmes scrisse che anche un cane riconosce la differenza tra essere calpestato e ricevere un calcio. Aggiungiamo che anche un cane si irrita se il suo padrone lo premia e subito dopo lo punisce per la stessa azione. I riti del diritto simboleggiano (fanno vivere) il postulato fondamentale di ogni sistema giuridico, anche dei più elementari, secondo il quale casi eguali devono essere decisi in modo eguale. I riti elevano quel postulato dal livello della percezione intellettuale e del dovere morale a quello della fede collettiva. Non è dunque esagerato parlare di fedeltà al diritto o di fede nel diritto. Si tratta essenzialmente dello stesso tipo di risposta scenica al sacro, allo scopo ultimo della vita, che caratterizza la fede religiosa. Il diritto, come la religione, prende le mosse dalla celebrazione e perde la propria vitalità se cessa di celebrare.[12]

Il diritto condivide con la religione anche l'importanza della tradizione e dell'autorità. Tutti i sistemi giuridici affermano che la loro validità dipende in parte dal fatto di porsi in continuità con il passato e preservano tale continuità nel linguaggio e nelle pratiche del diritto. Nei sistemi giuridici occidentali, come nelle religioni occidentali, il senso storico del divenire è comparativamente molto forte, al punto che anche i cambiamenti drastici sono consapevolmente giustificati come necessari per preservare e affermare ulteriormente concetti e principi ricevuti dal passato. Anche in altre culture, tuttavia, il bisogno di coerenza nutre un qualche senso di continuità rispetto al passato. Il *khadi* musulmano ha una reputazione da preservare e perciò non giudica in modo difforme da caso a caso. Persino gli oracoli greci, si riteneva, riflettevano una coerenza nascosta. Il diritto non deve essere necessariamente eterno, ma non deve neppure essere arbitrario: deve cambiare attraverso la reinterpretazione di quanto è stato fatto in precedenza. La dimensione tradizionale del diritto, il senso del suo divenire, non possono essere spiegati in termini puramente secolari e razionali, poiché essi incorporano il concetto umano del tempo, il quale a sua volta è legato all'ultra-razionale, al religioso.[13]

Similmente il diritto non ha bisogno di essere rivelato – nel senso di scritto da Dio su tavole di pietra (come peraltro sembra sia avvenuto in pochi casi!) – e tuttavia le parti si appellano inevitabilmente ad esso quando vi è una disputa, come se una qualche autorità lo avesse incorporato in una costituzione, o in una legge, un precedente, una consuetudine, un trattato o in una qualsiasi altra fonte autoritativa. Quasi sempre nelle esperienze politiche, economiche o sociali di natura non giuridica, ad esempio una campagna elettorale, un programma industriale, una crisi familiare o una lite tra vicini, le persone si sentono libere di proporre nuove strade sulla base di un mero calcolo di utilità; ma se viene posta una questione giuridica, le soluzioni alternative sono discusse quasi sempre in termini di regole e le decisioni sono prese da chi è in posizione di autorità. Naturalmente il potere di interpretare le regole e le decisioni è anche il potere di cambiare le une e le altre. Nondimeno usiamo dire che il tribunale è «vincolato» dalla legge, che il legislatore è «vincolato» dalla Costituzione, e anche i padri costituenti si sono ritenuti essi stessi «vincolati» da una «legge superiore». Hanno scritto la Costituzione, non l'hanno inventata.

Tranne che in quelle culture nelle quali non vi è differenza tra diritto e religione, i riti, le tradizioni e le autorità del diritto non sono in linea generale identici a quelli della religione, anche se possono darsi alcune sovrapposizioni. Né sono identiche le risposte emotive indotte dal diritto e dalla religione, anche se pure in questo caso può accadere che queste si sovrappongano. Le emozioni giuridiche differiscono dall'estasi, dal senso di grazia, o dalla paura della dannazione che Søren Kierkegaard e Rudolf Otto hanno attribuito all'«idea del sacro».[14] Eppure le emozioni giuridiche condividono con le emozioni religiose lo stesso senso di «qualcosa di dato», la stessa riverenza, la stessa necessità. Nelle religioni secolari, il senso di «qualcosa di dato», e la sacralità stessa, possono essere ricondotte allo stato invece che a Dio, o al tribunale, al partito, al popolo.

Tanto nella religione quanto nel diritto può manifestarsi lo stesso rischio potenziale di abusi del rito, della tradizione e dell'autorità. In questo caso il pericolo maggiore è che simboli necessari per esprimere e generare l'impegno verso i valori più alti diventino in quanto tali oggetto di devozione, fine a se stessi, invece che «segni esteriori e visibili di una invisibile grazia interiore» [espressione di origine agostiniana comune alle liturgie protestante e cattolica che l'autore cita probabilmente nella versione anglicana. NdT]. Quando ciò accade, nella religione si parla di magia e di idolatria. Nel diritto si parla invece di formalismo procedurale, come nei processi decisi da un'ordalia, un duello o un giuramento rituale. L'intera storia dell'Occidente a partire dal dodicesimo secolo è stata caratterizzata dagli sforzi, non sempre riusciti, di sottrarsi al dominio di quel formalismo.[15] Secolaristi e proceduralisti vorrebbero che scacciassimo la magia, l'idolatria e il formalismo attraverso il rifiuto radicale dell'impegno emotivo verso i valori giuridici e al contempo dei riti, della tradizione e dell'autorità che di quei valori sono l'espressione e la fonte. Essi vorrebbero affidarsi unicamente ad un impegno intellettuale per il diritto inteso come un utile strumento per la promozione degli interessi finiti, materiali, degli individui e dei gruppi nella società. Perciò meriterebbero disprezzo gli sforzi compiuti per radicare la logica e l'azione in un impegno emotivo per il diritto inteso quale parte integrante del senso ultimo della vita, in sintonia con quella «penombra di mistero», come dice Reinhold Niebuhr, che «circonda ogni ambito di senso».[16] Ora, mi preme affermare che il diritto non sopravviverà a un tale essiccamento della sua vitalità emotiva. Il diritto e la religione, infatti, insieme stanno o insieme cadono; e se vogliamo che il diritto stia, dovremo dare nuova vita all'impegno essenzialmente religioso da cui dipendono i suoi riti, la sua tradizione e la sua autorità, proprio come dovremo dare nuova vita alla dimensione sociale, e dunque giuridica, della fede religiosa.

Il quarto grande orizzonte che il diritto ha in comune con la religione è il credo nell'universalità dei concetti e delle intuizioni che in esso sono incorporati. Un tale credo dovrebbe essere distinto dalla teoria del diritto naturale che potrebbe essere del tutto indipendente dalla religione. In realtà una teoria secolare e razionale del diritto naturale non è solo possibile, è anche la forma più diffusa che assume oggi la teoria del diritto naturale. La moralità insita nel diritto, i principi di giustizia impliciti nel concetto stesso di adesione alle regole generali, possono essere percepiti dai filosofi della morale senza riferimento alcuno ai valori religiosi o alle intuizioni religiose.[17] Gli antropologi stessi sono in grado di dimostrare sulla base dell'osservazione empirica che nessuna società tollera il ricorso indiscriminato alla menzogna, al furto, alla violenza all'interno del gruppo. Gli ultimi sei dei Dieci Comandamenti – quelli che prescrivono il rispetto dei genitori e vietano l'omicidio, l'adulterio, il furto, lo spergiuro e la truffa – trovano infatti rispondenza in ogni cultura conosciuta. Molti teorici del diritto naturale, del resto, considerano superstiziosa e pericolosa una giustificazione religiosa del diritto. Costoro possono dimostrare con la sola ragione e con la sola osservazione che i valori e i principi giuridici fondamentali rispecchiano la natura umana e rispondono ai bisogni di una società ordinata. I contratti devono essere onorati e i danni risarciti; chi rappresenta qualcuno deve agire in buona fede; le punizioni devono essere proporzionate al delitto. Questi come tanti altri principi riflettono ciò che la ragione ci dice essere moralmente giusto e ciò che praticamente in ogni società si proclama giuridicamente vincolante.

Sono stati i greci ad insegnarci questo modo di pensare. Sono stati loro i primi a tradurre la religione in filosofia. A partire da Platone non abbiamo più avuto bisogno che gli dei ci dicessero cosa è virtuoso: possiamo scoprirlo da soli, basta che usiamo la mente. Questa è la conclusione cui siamo arrivati, anche se, come ha spiegato Christopher Dawson, la secolarizzazione della filosofia operata dai greci ha comportato una deificazione della ragione. Oggi non siamo più convinti che il pensiero possa essere così «puro» come i filosofi hanno affermato.[18] Abbiamo imparato che quando la mente tenta di operare in modo del tutto indipendente, quando pretende di collocarsi completamente all'esterno della realtà che osserva, va in crisi e finisce persino col diffidare di se stessa.

Ad un livello più pragmatico, il problema di una analisi della moralità di natura puramente intellettuale o filosofica è che la ricerca stessa, in forza della sua propria pretesa di escludere tutto ciò che non è razionale, tende a frustrare la realizzazione delle virtù che proclama. L'intelletto è soddisfatto, ma le emozioni – quelle emozioni senza le quali non possono essere intraprese azioni decisive – sono deliberatamente messe da parte. Così tutti i sistemi giuridici richiedono non soltanto che le virtù proclamate in diritto siano riconosciute con l'intelletto, ma che per esse ci si impegni con tutti noi stessi. Allora è attraverso una emozione religiosa, un balzo di fede, che attribuiamo la dimensione dell'universalità agli ideali e ai principi del diritto. Ad esempio, affermare che è contro la natura umana tollerare il ricorso indiscriminato al furto e che ogni società condanna e punisce certi modi di appropriarsi dei beni altrui è diverso dal dire che esistono una realtà morale onnicomprensiva e uno scopo dell'universo che vengono offesi dall'atto di rubare. E quando una società perde la capacità di dire questo – quando basa il diritto di proprietà e il diritto penale in materia di furto unicamente sulla percezione razionale della natura umana e della necessità sociale, e non anche sulla sua tensione religiosa verso i valori universali – allora si fa grave il pericolo di perdere la capacità di proteggere la proprietà e di condannare e punire il furto.

La rivitalizzazione del diritto

Non esiste però il pericolo che mettendo l'accento sull'impegno del diritto per le verità universali si finisca in realtà per deificare le strutture sociali esistenti e dunque per cadere, in modo diverso, nell'idolatria? Non dovremmo piuttosto preservare l'aspetto profetico della religione e la tensione tra diritto e amore, diritto e fede, diritto e grazia, nell'interesse dell'integrità della religione, indipendentemente dalle conseguenze per il diritto? E ancora, non sarebbero disastrose le conseguenze per il diritto, se il diritto stesso fosse non soltanto rispettato, ma anche sacralizzato?

Tornerò su queste domande nei capitoli che seguono. Dobbiamo subito affrontare una questione, tuttavia, se vogliamo che quanto detto finora non venga frainteso. Non dobbiamo affatto supporre che giacché il diritto ha fallito nel comunicare i propri valori a tanti abitanti dei ghetti urbani, alla nuova cultura giovanile, al movimento pacifista e ad altri movimenti, il nostro compito sia semplicemente quello di manipolare i suoi riti, le sue tradizioni e i suoi concetti di autorità e universalità, mentre lasciamo intatta la struttura sociale, economica e politica che li sottende. *Non* si intende in alcun modo suggerire che per superare la nostra crisi di integrità si debba difendere la legittimità del vecchio sistema giuridico con l'aiuto di vari strumenti religiosi e il ritorno all'etica puritana.

Al contrario, il riconoscimento dell'interdipendenza dialettica tra diritto e religione ci conduce nella direzione opposta, quella di un mutamento fondamentale della società, dell'economia e della politica e di nuove soluzioni giuridiche per i serissimi problemi che dobbiamo fronteggiare: la disoccupazione, il conflitto razziale, il crimine, l'inquinamento, la corruzione, i conflitti internazionali, la guerra. Però, se vogliamo trovare nuove soluzioni giuridiche a questi problemi dobbiamo dare nuova vitalità al diritto, perché il diritto come si presenta ora, spogliato della sua mistica e della sua autorità, e del suo ruolo nel grande disegno dell'universo, è un appiglio troppo debole per reggere i bisogni che gli affidiamo. In molte aree della vita americana la riforma del diritto non può funzionare perché il diritto stesso non può funzionare. Affinché ciò accada il diritto deve trovare riti che comunichino efficacemente la sua obbiettività, deve recuperare il suo senso del divenire e del potere vincolante, deve riscoprire la sua relazione con le verità universali sullo scopo della vita.

Vorrei offrire qualche esempio pratico. La crisi dell'amministrazione della giustizia penale è forse il caso che colpisce di più. La stampa e la letteratura scientifica descrivono ampiamente quanto siano divenuti grotteschi e umilianti i nostri sistemi di detenzione preventiva, di archiviazione dei casi previo accordo tra procuratore e accusato, di carcerazione. Ci sembra di rivivere i tempi di Charles Dickens. Non c'è una facile via d'uscita dal pantano, ma la comprensione della dimensione religiosa del diritto può almeno indicare la direzione giusta. Abbiamo bisogno di nuove forme di investigazione, di dibattimento, di detenzione che mettano in scena da un lato l'umanità e la benevolenza nel trattamento dei rei, e dall'altro la riprovazione dei loro reati e delle condizioni in cui sono maturati. Non è sufficiente sopprimere le abituali sanzioni penali detentive e pecuniarie per i cosiddetti «delitti senza vittime» (ubriachezza, uso di stupefacenti, prostituzione, gioco d'azzardo, omosessualità), con ciò liberando una gran parte del tempo e dell'energia di polizia, tribunali e istituzioni carcerarie. È quanto chiedono gli esperti e in larga misura quanto dovrebbe esser fatto; ma si tratta soltanto di una metà della soluzione. L'altra metà è la predisposizione di nuove procedure all'interno e all'esterno dei tribunali – se si vuole, di nuove liturgie – per trattare casi di persone che tengano quelle condotte in quanto antisociali; tali procedure dovrebbero sollecitare la partecipazione della comunità – di psichiatri, operatori sociali, religiosi, e anche di familiari, amici, vicini e colleghi – prima, durante e dopo il dibattimento. Parlare di «depenalizzazione» del diritto, come fanno alcuni, è ingannevole, come lo è parlare dei rei come di «persone malate». Dobbiamo trovare modi per giudicare questi casi e per trattare queste persone con umanità e creatività e al contempo per esprimere la condanna sociale non di costoro in quanto persone, ma della loro condotta e delle condizioni che l'hanno generata. Tutto ciò appartiene alla nostra tradizione religiosa; e ha senso ancora oggi.[19]

Un altro esempio è quello dei reati politici. Abbiamo bisogno di nuove procedure – di nuovi riti – per trattare casi come quello recente dei Chicago Seven, nei quali gli imputati usano le aule di tribunale come piattaforme da cui proclamare le proprie idee politiche.[20] Un segnale di cosa potrebbe essere possibile in casi analoghi è venuto dal caso dei Catonsville Nine, un gruppo pacifista accusato di aver bruciato centinaia di cartoline di leva. Il giudice ha permesso che il processo si svolgesse secondo modalità assai informali. Gli imputati, tra cui i preti cattolici Daniel e Philip Berrigan, hanno avuto ampia opportunità di esprimere le loro motivazioni, cui il giudice e il pubblico ministero si sono mostrati sensibili. La condotta illecita è stata infine sanzionata,[21] ma il processo ha avuto un significato ben più grande della semplice condanna al carcere. I processi dovrebbero servire a educare, non a vendicarsi. È meglio prolungare la durata della procedura che non maltrattare o ridicolizzare un imputato. Meglio liberare un colpevole che vedere un tribunale, per parafrasare Holmes, agire in modo ignobile. Un processo dovrebbe consentire una catarsi, non violare ulteriormente la nostra dignità. Dovrebbe mettere in scena, non caricaturare, i valori impliciti in una procedura di legge.

Abbiamo anche bisogno di nuove forme procedurali in molti tipi di cause civili. Nuove procedure per le controversie di diritto di famiglia si rendono necessarie per affrontare problemi legati alla disgregazione delle famiglie. In ambito di incidenti automobilistici si dovrebbero incaricare agenzie extragiudiziali di determinare l'ammontare del risarcimento, in modo da evitare la farsa di tribunali incapaci di valutare correttamente il danno, ivi compreso quello legato alla sofferenza della vittima; al contempo, però, bisognerebbe immaginare nuove procedure per denunciare e perseguire tanto la guida negligente quanto gli eventuali difetti delle vetture. Ancora una volta, il diritto non dovrebbe limitarsi a decidere sulla base degli interessi, ma insistere perché si educhino le emozioni giuridiche di tutti coloro che sono coinvolti, le parti, gli spettatori, il pubblico.

Oltre a nuovi modi di far fronte al contenzioso, abbiamo bisogno di nuovi modi di procedere per il governo locale e quello statale attraverso i quali possa essere rivitalizzato il diritto relativo alla pubblica istruzione, all'inquinamento, al benessere sociale, all'edilizia popolare, alle politiche per l'impiego e ad altre materie analoghe. Qui sta alla comunità stessa impegnarsi per quella nuova qualità della vita che domandano a ragion veduta tanti nostri giovani. Nuove forme, nuovi riti, sono necessari perché la partecipazione popolare si incanali in modi creativi piuttosto che distruttivi. Una importante riforma che è stata intrapresa da molte parti consiste nella creazione dell'ufficio di un'autorità, il cosiddetto Ombudsman, che possa più efficacemente appurare le circostanze relative a quanto lamentato dai cittadini e agire in proposito. Un secondo suggerimento, più generale, è quello di introdurre procedure che incoraggino l'espressione dello stato d'animo collettivo, come ad esempio incontri della cittadinanza, senza però consentire il dominio di minoranze prepotenti.

In fondo, una più ampia partecipazione del pubblico nei processi giuridici è una chiave importante per la rivitalizzazione del diritto. Le persone devono sentire che si tratta del loro diritto, altrimenti non lo rispetteranno. Ma potranno avere quel sentimento solo se il diritto, attraverso i suoi riti e le sue tradizioni, la sua autorità e la sua universalità, tocca ed evoca il loro senso della vita nella sua interezza, il loro senso dello scopo ultimo e del sacro. Al termine della Prima guerra mondiale, Max Weber notò che «il destino ha condannato la nostra epoca, con il suo bagaglio di razionalizzazione e di intellettualizzazione, ma soprattutto di disincantamento del mondo».[22] È vero che molti rami del nostro diritto sono stati colpiti da tale disincantamento, sebbene spesso senza un aumento benefico della razionalizzazione e dell'intellettualizzazione stesse. Tuttavia, per quanto profonda possa essere la nostra disillusione, è sbagliato supporre che l'America sia rimasta senza fede. La fede dell'America si esprime anzitutto nella partecipazione medesima, nell'agire insieme delle persone nelle comunità e nei gruppi locali, comunque tale agire si manifesti. Questa è l'eredità da un lato del congregazionalismo puritano e dall'altro dell'esperienza sociale e religiosa delle comunità etniche immigrate. Sarebbe tragico se si lasciasse morire la tradizione partecipativa americana. Anche nella realtà dura, aspra, della città moderna, abbiamo l'opportunità di riportare nella vita pubblica quei «valori ultimi e più sublimi» che Weber vedeva «rifugiarsi» nell'esperienza mistica o nelle relazioni interpersonali più immediate.[23] Perché ciò sia possibile dobbiamo coinvolgere persone di tutti i tipi, in gran numero, nell'applicazione del diritto, nelle nuove procedure stragiudiziali, nell'amministrazione locale e statale e in molte altre aree della vita pubblica.

Abbiamo preso in considerazione la religione e il diritto nei termini più ampi – la religione come il senso dell'uomo per il sacro e il diritto come il senso dell'uomo per il giusto – poiché si riconosce che in ogni società, ancorché in modi molto diversi, il diritto si ispira anche al senso del sacro per spingere emotivamente le persone all'impegno per il giusto. È così tra i Barotse, popolazione tribale dell'Africa, per i quali la stregoneria rappresenta l'ultima istanza oltre la consuetudine e la mediazione. Era vero a suo modo nella Cina tradizionale, nella quale il diritto era visto come un male necessario e, ciò nonostante, era dialetticamente collegato tanto alla distinzione e all'etichetta dell'antico confucianesimo, quanto al culto neo-confuciano dell'imperatore e degli antenati. L'interdipendenza tra il senso del sacro e il senso del giusto vale anche per la Russia sovietica, dove il diritto proclama sacra la proprietà socialista, mentre l'escatologia socialista – la venuta dell'utopia comunista – si rivela un fattore determinante nello sviluppo delle istituzioni e della dottrina giuridica. Ciò vale anche per gli Stati Uniti, dove non solo il cristianesimo e l'ebraismo della tradizione, ma anche la religione secolare dello stile di vita americano conferiscono santità alle norme e alle procedure di legge. In realtà, in pochi altri sistemi giuridici si può trovare una fiducia altrettanto esplicita nel Dio che guida e conferma, e un ossequio altrettanto marcato verso il richiamo della Costituzione agli standard universali di giustizia.[24]

Se dunque si presta attenzione a come interagiscono diritto e religione possiamo giungere a vederli non soltanto come due istituzioni sociali in qualche modo correlate, ma come due dimensioni dialetticamente interdipendenti, forse le due maggiori dimensioni della vita sociale dell'uomo.

Presa isolatamente, una concezione così ampia di diritto e religione può indurre a trascurare la tensione che esiste tra diritto e religione in ogni specifico contesto storico. Questo è certamente il pericolo di un approccio antropologico in forza del quale si veda la cultura come un tutto integrato e armonico. Infatti alcuni antropologi che scrivono di religione considerano religione praticamente ogni aspetto della cultura di cui si occupano; altri antropologi fanno lo stesso col diritto.

Nonostante questo pericolo, credo si debba partire da una prospettiva antropologica su diritto e religione, grazie alla quale possiamo prendere atto che in tutte le culture conosciute si è data una interazione tra valori giuridici e religiosi. In un certo senso, tutto è religione e tutto è diritto, proprio come tutto è tempo e tutto è spazio. Ovunque e sempre l'uomo è alle prese con un futuro ignoto; perciò ha bisogno di credere in una verità che lo supera, senza la quale la comunità declina, decade, precipita. Allo stesso modo, ovunque e sempre l'uomo è alle prese con il conflitto sociale; perciò ha bisogno di istituti giuridici senza i quali la comunità si dissolve, si spacca. Queste due dimensioni della vita sono in tensione, e tuttavia nessuna può realizzarsi senza l'altra. Il diritto senza la fede degenera in mero legalismo; è quanto sta accadendo oggi in molte parti d'America e del mondo occidentale. Come cercherò di illustrare nel prossimo capitolo, la fede senza il diritto degenera in mera religiosità. Dobbiamo partire da queste fondamentali verità trasversali alle culture se vogliamo davvero capire cosa la storia esige da noi qui ed oggi.

II.
L'INFLUENZA DEL CRISTIANESIMO SULLO SVILUPPO DEL DIRITTO OCCIDENTALE

Fin qui abbiamo considerato il diritto e la religione nei loro aspetti universali. In tutte le società, anche in quelle più sofisticate, esistono convinzioni condivise circa i valori trascendenti, un impegno comune per lo scopo ultimo e un senso del sacro, anch'esso condiviso. In tutte le società, anche nelle più elementari, vi sono strutture e processi mediante i quali si dà ordine alla società stessa, metodi prefissati per allocare diritti e doveri, un senso condiviso di ciò che è giusto. Queste due dimensioni della vita sociale sono tra loro in tensione: il lato mistico e profetico della religione sfida il lato strutturale e razionale del diritto, e viceversa il lato strutturale e razionale del diritto sfida il lato mistico e profetico della religione. Tuttavia, ogni lato è anche una dimensione dell'altro. Ogni sistema giuridico condivide con la religione certi elementi – il rito, la tradizione, l'autorità, l'universalità – che sono necessari per simboleggiare le emozioni giuridiche dell'uomo e al contempo per educarle. Se così non avviene, il diritto degenera in mero legalismo. Similmente, ogni religione ha in sé determinati elementi giuridici, senza i quali essa degenera in mera religiosità.

Dobbiamo ammettere che questa è una visione parecchio generale della nostra comune umanità. Quando guardiamo più da vicino, osserviamo che il genere umano conosce molte religioni diverse e molti diversi tipi di diritto. Ogni religione porta l'impronta di una particolare comunità di fede e ogni tipo di diritto porta l'impronta di uno specifico ordine giuridico. Sono le convinzioni e le pratiche religiose e giuridiche di una particolare società – e non una qualche religione ideale o un qualche diritto ideale – che danno ai membri di quella società la loro fede nel futuro da un lato e la loro coesione sociale dall'altro. Ora, le convinzioni e le pratiche religiose e giuridiche di una particolare società sono sempre intimamente legate in parte all'esperienza di quella società, che è unica, e in parte alla sua storia, che è unica anch'essa.

Così, quando passiamo dagli aspetti universali dell'interrelazione tra religione e diritto all'interrelazione tra religioni e sistemi giuridici particolari, passiamo inevitabilmente dallo studio della natura umana allo studio della storia e cioè allo studio di come la natura umana si è espressa nell'esperienza sociale. Il filosofo pone domande senza tempo: cos'è la religione? Cos'è il diritto? A queste domande, però, non si può rispondere finché esse non siano state rese specifiche in relazione ad un certo tempo. Sant'Agostino non ha chiesto «Qual è la natura dell'uomo?», ma «Cosa sono, Dio mio? Qual è la mia natura?».[1] Allo stesso modo gli scienziati sociali devono chiedere: chi siamo? Come siamo venuti in essere? Quali esperienze hanno formato il nostro carattere? In quale direzione ci stiamo muovendo? Di quali alternative disponiamo? Infatti, la «natura» dell'«uomo» nella «società» può rinvenirsi soltanto nel deposito vivente dell'esperienza sociale di cui abbiamo memoria. Così la religione e il diritto sussistono ovunque non in quanto astrazioni, ma nella storia delle comunità nelle quali viviamo. Aveva ragione Ortega in questo senso, quando notava che l'uomo non ha natura, ma solo storia.[2]

Nella prospettiva della nostra storia occidentale, la dimensione religiosa del diritto appare come una successione di sfide lanciate dapprima dalla Chiesa cristiana nelle varie fasi del suo sviluppo e sempre più, negli ultimi due secoli, dalle religioni secolari derivate dal cristianesimo. Tali sfide riguardano l'adattamento degli istituti giuridici ai bisogni dell'uomo. Il tema fondamentale della storia è il grido di Gesù che risuona: «il sabato è stato fatto per l'uomo, non l'uomo per il sabato!». Il tema opposto, tuttavia, non può essere rimosso. Accade che i bisogni umani vengano ad essere identificati con le istituzioni della religione stessa e i nuovi istituti giuridici creati per servire l'uomo acquisiscano una autorità indipendente dai loro scopi. E così la lotta deve ripetersi. La memoria delle vittorie passate fornisce una base alla speranza che ci si possa avvicinare all'obbiettivo; e dietro la memoria e la speranza c'è la fede che l'impresa stessa della storia – storia religiosa e storia giuridica – faccia parte di un qualche grande piano per la salvezza dell'uomo. È questa la visione della storia cristiana che è stata ereditata dall'ebraismo e negli ultimi secoli trasferita a tante delle religioni secolari che ci hanno dominato, incluse la religione della democrazia e la religione del socialismo.[3]

Storia del diritto in una prospettiva cristiana

Per l'ebraismo il centro di gravità della storia umana è tanto la storia del popolo ebraico quanto quella della legge ebraica che vincola il popolo a Dio e i membri del popolo tra loro. Per il cristianesimo invece, fin dal tempo di San Paolo, la Chiesa è stata concepita sì in continuità storica con il popolo ebraico, ma anche come tesa ad abbracciare tutti gli altri popoli, ciascuno col suo diritto. Perciò un nuovo diritto era necessario all'interno della Chiesa, in quanto comunità religiosa, allo scopo di governare le relazioni della Chiesa stessa con Dio e dei fedeli tra loro. Nuove posizioni e nuove politiche si rendevano poi necessarie rispetto al diritto secolare, dal quale erano regolati gli aspetti non religiosi della vita dei singoli cristiani, nonché la chiesa nel suo insieme per quanto riguardava il suo rapporto con «il mondo».

Nella prima fase di vita della chiesa il fatto più notevole fu che il diritto secolare – cioè il diritto dell'Impero romano – proibisse del tutto il culto cristiano. La chiesa era fuorilegge. Per sopravvivere doveva letteralmente scendere sottoterra nelle catacombe. Il primo principio del pensiero giuridico cristiano – indotto dall'esperienza storica – fu così quello della disobbedienza civile. Le leggi che confliggono con la fede cristiana non obbligano in coscienza. Ciò trovava rispondenza anche nella storia ebraica, ad esempio nella resistenza al culto di Baal, nella disobbedienza di Daniele a re Dario e nel rifiuto di esporre statue degli imperatori romani nelle sinagoghe. Vi era tuttavia una differenza: in quanto cittadini romani, i cristiani che disobbedivano sfidavano le leggi del loro proprio popolo. Ciò ebbe un significato considerevole in seguito, quando la chiesa divenne parte del potere politico e i cristiani dovettero misurarsi con leggi inaccettabili imposte, spesso in nome della stessa chiesa, da un governo che era non più pagano, ma cristiano. Non era possibile dimenticare che l'era cristiana era nata con l'affermazione di un diritto morale – anzi, di un dovere morale – di violare una legge che contraddicesse la volontà di Dio. Come hanno ribadito nel nostro tempo uomini come Martin Luther King e i fratelli Berrigan, questo diritto e questo dovere rappresentano uno dei fondamenti del nostro diritto costituzionale alla libertà d'espressione.[4]

Con la conversione degli imperatori romani al cristianesimo nel quarto secolo, la chiesa si trovò ad operare dall'interno della struttura di potere. Era ora di fronte ad una prospettiva del tutto differente sulla questione del rapporto tra diritto e religione. Ci si doveva ormai chiedere se il fatto che l'imperatore aveva abbracciato la fede cristiana comportasse delle conseguenze rispetto al suo ruolo di legislatore. La storia rispose che gli imperatori cristiani di Bisanzio considerarono una propria responsabilità cristiana quella di modificare il diritto, come dissero, «nel senso di una più grande umanità».[5] Sotto l'influenza del cristianesimo il diritto romano postclassico riformò il diritto di famiglia. Diede alla moglie una posizione di maggiore eguaglianza giuridica attraverso il requisito del mutuo consenso di entrambi gli sposi per la validità del matrimonio, nonché attraverso un più difficile accesso al divorzio (al tempo ciò rappresentava un passo verso la liberazione delle donne!) e l'abolizione del potere di vita e di morte del padre sui figli. La riforma riguardò anche la schiavitù: fu riconosciuto allo schiavo il diritto di ricorrere ad un magistrato se il padrone abusava dei suoi poteri e persino il diritto alla libertà se il padrone si comportava in modo crudele; vennero così moltiplicati i modi in cui gli schiavi potevano essere «manomessi» e si permise loro di acquisire diritti attraverso legami di parentela con uomini liberi. Fu anche introdotto il concetto di equità nei diritti e nei doveri e venne così temperato il rigore delle prescrizioni generali. La collezione di leggi compilate da Giustiniano e dai suoi successori nel sesto, settimo e ottavo secolo fu così ispirata almeno in parte dalla convinzione che il cristianesimo esigesse una sistematizzazione del diritto onde consentirne l'umanizzazione. Di certo tali riforme non andavano attribuite soltanto al cristianesimo, ma esso diede loro una forte spinta e ne fornì la maggiore giustificazione ideologica. Come la disobbedienza civile, la riforma del diritto nel senso di una maggiore umanità rimane un principio fondamentale del pensiero giuridico cristiano derivato dall'esperienza della chiesa nei primi secoli.

Diversamente dagli imperatori bizantini che ereditarono la grande tradizione giuridica della Roma pagana, i governanti dei germani, degli slavi e degli altri popoli europei di quel tempo, tra quinto e decimo secolo, seguivano un regime costituito principalmente da consuetudini primitive tribali e dalla legge del taglione. È ben più che una coincidenza il fatto che i governanti di molti dei maggiori popoli tribali, dall'Inghilterra anglo-sassone alla Russia di Kiev, dopo la loro conversione al cristianesimo abbiano promulgato collezioni scritte di leggi tribali e abbiano introdotto varie riforme, soprattutto in materia di famiglia e schiavitù, di protezione dei poveri e degli oppressi, di proprietà ecclesiastica e diritti del clero.[6] Le leggi di Alfredo il Grande (890 dC circa) si aprono con i Dieci Comandamenti e con estratti della legge mosaica. Lo stesso Alfredo il Grande, nella sua rivisitazione delle leggi anglosassoni delle origini, include questi fondamentali principi di giustizia: «giudica con grande equanimità. Non giudicare in un modo per il ricco e in un altro modo per il povero. Non giudicare in un modo per il tuo amico e in un altro modo per il tuo nemico».

Benché in quei secoli subisse il potere di imperatori, re e baroni, la chiesa cercò di limitare la violenza attraverso la regolamentazione delle faide. Tra il decimo e l'undicesimo secolo la celebre Abbazia di Cluny, con le sue sedi sparse per l'Europa, riuscì in alcuni casi ad imporre tanto la Pace di Dio, che esentava dalle armi non solo il clero ma anche i contadini, quanto la Tregua di Dio, che vietava le ostilità nei giorni festivi.[7] Anche in questo caso registriamo influenze della religione sul diritto che sono significative per la nostra epoca.

Le riforme e le innovazioni introdotte dai re e dagli imperatori cristiani non impedirono che la legge prevalente in Occidente, prima del dodicesimo secolo, rimanesse quella delle faide, del giudizio in battaglia, delle ordalie di fuoco e di acqua, dei giuramenti rituali. Non esistevano giudici o avvocati di professione né raccolte di leggi reali o ecclesiastiche. Regnavano le consuetudini, tribali, locali, feudali. Le corti dei re e i monasteri erano a loro modo civilizzati, ma senza un vero e proprio sistema giuridico risultava estremamente difficile rendere le periferie altrettanto civilizzate quanto i centri. Si prenda questo esempio. La chiesa predicava che il matrimonio era un sacramento fondato sul consenso degli sposi, ma non esisteva un sistema giuridico efficace attraverso il quale essa potesse contrastare la pratica diffusa di matrimoni combinati tra bambini. Un ambiente ostile alle riforme schiacciava i valori di civiltà e dominava la chiesa stessa: uffici ecclesiastici lucrativi e influenti erano fatti oggetto di compravendita e destinati a fratelli e cugini dei feudatari.

Nell'ultimo scorcio dell'undicesimo secolo e all'inizio del dodicesimo ebbe luogo in Occidente una grande rivoluzione da cui nacque una chiesa gerarchica, visibile, organizzata, una entità giuridica indipendente da imperatori, re e signori feudali, e subordinata all'autorità monarchica assoluta del vescovo di Roma. Dell'enorme significato di tale rivoluzione pontificia si vanno oggi facendo sempre più consapevoli gli storici del Medioevo, dentro e fuori la Chiesa cattolica.[8] Fu da quella rivoluzione che nacquero da un lato un nuovo tipo di diritto della chiesa e dall'altro nuovi tipi di diritto per i vari regni secolari.

In precedenza la relazione tra sfera spirituale e sfera secolare era stata caratterizzata dalla sovrapposizione delle due autorità. Imperatori e re, ad esempio Carlo Magno e Guglielmo il Conquistatore, convocavano concili di vescovi, approvavano dottrine teologiche e promulgavano leggi ecclesiastiche. Papi, arcivescovi, vescovi e preti erano investiti dei relativi uffici da imperatori, re e signori locali. Nel 1075, tuttavia, papa Gregorio VII proclamò la completa indipendenza politica e giuridica della chiesa, unitamente alla propria autorità politica e giuridica suprema sopra l'intero clero della cristianità occidentale.[9] Ci vollero quarantacinque anni di lotte tra papato e impero – le guerre delle investiture – e in Inghilterra fu necessario il martirio di Thomas Beckett, perché le rivendicazioni pontificie trovassero soddisfazione, ancorché con qualche compromesso.

Ormai visibile, gerarchica, organizzata, la Chiesa cattolica romana necessitava di un corpo sistematico di leggi. Tra dodicesimo e tredicesimo secolo si provvide dapprima per opera di un grande trattato scritto nel 1140 circa dal monaco italiano Graziano e poi, ottanta anni dopo, quando già vari papi giuristi avevano promulgato centinaia di nuove leggi, per opera delle Decretali del 1234 di papa Gregorio IX. Le Decretali rimasero il diritto fondamentale della Chiesa di Roma fino al 1917.

Certo, erano esistiti canoni – cioè norme ecclesiastiche – ben prima di Graziano, ma essi consistevano in decisioni sparse, decreti, insegnamenti, per lo più di natura teologica, pronunciati da vari concili di vescovi e da vari vescovi individualmente, e raccolti occasionalmente in collezioni organizzate in ordine cronologico. Esistevano pure tribunali ecclesiastici con le loro procedure. Non vi era però un corpo sistematico di diritto ecclesiastico, diritto penale, diritto di famiglia, diritto successorio, diritto di proprietà o dei contratti, quale quello che fu creato dai canonisti del dodicesimo e tredicesimo secolo. Il diritto canonico del Medioevo che solo oggi, otto secoli dopo, è messo sotto accusa da voci autorevoli all'interno della Chiesa cattolica,[10] fu il primo sistema giuridico moderno dell'Occidente e si affermò in ogni paese europeo. Il diritto canonico reggeva praticamente ogni aspetto della vita del vero e proprio esercito di preti e monaci allora presente in Europa, ma anche molti aspetti della vita dei laici. Ordinati gerarchicamente, i nuovi tribunali ecclesiastici avevano una giurisdizione esclusiva sui laici in materia di diritto di famiglia, successioni e vari tipi di delitti spirituali, nonché una giurisdizione concorrente con i tribunali secolari sui contratti, nel caso le parti ricorressero a un voto di fede, sulla proprietà, nel caso la disputa riguardasse la proprietà ecclesiastica (al tempo quasi un terzo della proprietà terriera in Europa), e su varie altre materie.

Il diritto canonico, tuttavia, non si affermò isolatamente. Accanto ad esso emersero vari tipi di diritto secolare che proprio in quel periodo, tra dodicesimo e tredicesimo secolo, cominciarono ad essere oggetto di un processo di razionalizzazione e di sistematizzazione. Nel 1100 circa fu riscoperto il diritto romano di Giustiniano che era stato quasi dimenticato in Occidente per cinque secoli. La riscoperta giocò una parte importante nello sviluppo del diritto canonico, ma fu anche sfruttata da sovrani secolari che resistevano alle nuove rivendicazioni pontificie. Emulando il diritto canonico, diverse raccolte di diritto civile vennero in essere per volontà di imperatori, re, grandi feudatari, e infine anche dei governanti delle città che si svilupparono al tempo in Europa, nonché dei mercanti che commerciavano nelle grandi fiere internazionali di allora. Il successo del diritto canonico spinse le autorità civili a professionalizzare i propri tribunali e il proprio sapere giuridico, a trasformare le consuetudini tribali, locali e feudali, a creare i propri sistemi giuridici con cui gestire le relazioni feudali, i delitti di sangue, le transazioni commerciali e molte altre materie.

Per prima, dunque, la chiesa insegnò all'uomo occidentale cosa fosse un sistema giuridico moderno. La chiesa insegnò che consuetudini, statuti, casistiche e dottrine confliggenti potessero essere riconciliate tra loro attraverso l'analisi e la sintesi. Fu questo il metodo del celebre *Sic et Non* di Abelardo che ordinava i testi contradditori delle Sacre Scritture secondo il metodo riflesso nel titolo dell'opera di Graziano, la *Concordanza dei canoni discordanti*. Con tale metodo la chiesa rivitalizzò il diritto romano e mutò le sue complesse categorie e classificazioni in concetti giuridici astratti. Tali tecniche derivavano dal *principio di ragione* quale venne elaborato dai teologi e dai filosofi, nonché dai giuristi del dodicesimo secolo.

La chiesa insegnava anche il *principio di coscienza* nel senso istituzionale del termine, non nel senso individualistico moderno. Secondo tale principio il diritto andava rinvenuto non solo nella ragione della scolastica, ma anche nel cuore del legislatore o del giudice. Il principio di coscienza nel giudizio fu affermato anzitutto nel documento dell'undicesimo secolo in cui si prescriveva che il giudice dovesse giudicare se stesso prima di poter giudicare l'accusato, e cioè che egli dovesse identificarsi con l'accusato perché così, recitava il documento, avrebbe conosciuto il delitto meglio di quanto lo conoscesse il suo stesso autore.[11] Una nuova scienza della difesa e della procedura fu creata nei tribunali ecclesiastici e più tardi nei tribunali civili come la Chancery inglese, al fine di «informare la coscienza del giudice». Il formalismo procedurale fu messo in discussione. Nel 1215 il Concilio Laterano IV abolì il processo per ordalia in tutta Europa attraverso il divieto fatto al clero di prendervi parte. Il diritto ad essere rappresentato in giudizio da un avvocato professionista e la procedura per l'interrogatorio da parte del giudice secondo regole attentamente individuate furono tra i nuovi strumenti creati per rendere effettivo il principio di coscienza. A sua volta la coscienza era associata all'idea dell'eguaglianza del diritto, poiché in coscienza tutte le parti sono eguali; da qui provenivano l'equità, la protezione del diseredato contro il potente, la tutela delle relazioni di fiducia e la garanzia dei cosiddetti rimedi personali come le ingiunzioni. L'equità, come si è detto sopra, era stata già parte del diritto romano postclassico, ma veniva ora per la prima volta resa sistematica grazie a procedure speciali introdotte perché essa potesse essere invocata e applicata.

Insomma, la chiesa cercò al contempo di giuridicizzare la moralità e di moralizzare il diritto; creò una giurisdizione sui peccati e spinse il diritto secolare a conformarsi ai principi morali. Come nell'antico Israele, la distinzione tra diritto e morale fu ridotta al minimo. Da un lato, i parametri di ciò che è giusto e di ciò che è sbagliato furono rafforzati attraverso procedure e sanzioni giuridiche; dall'altro lato, vennero sanciti come giusti secondo il diritto divino istituti che non sempre erano stati visti come tali in precedenza. Il celibato dei preti, ad esempio, era stato reso obbligatorio nell'undicesimo secolo al fine di isolare il clero dalla politica dei clan e dei feudi, ma grazie all'aura di santità che gli fu poi conferita sopravvisse ben oltre l'estinzione delle circostanze che lo avevano reso necessario. Il diritto sull'eresia è un altro esempio della problematica confusione che venne a crearsi tra immoralità e illegalità. La scomunica di chi disobbediva all'autorità ecclesiastica si affermò come un istituto giuridico suscettibile di privare una persona di ogni sicurezza morale.

Vi è tuttavia una importante differenza tra il cristianesimo medievale e l'antico Israele. Nel Medioevo vi fu un conflitto di giurisdizione tra la chiesa e lo stato, una coesistenza e insieme una rivalità tra diversi sistemi giuridici all'interno di ciascuna nazione e di diverse nazioni all'interno della chiesa. La sacralità conferita al proprio diritto da una chiesa visibile, gerarchica e istituzionale era sfidata dal fatto che ogni persona nella Cristianità viveva non soltanto sotto il diritto della chiesa, ma anche sotto svariati sistemi giuridici secolari, quali il diritto regio, il diritto feudale, il diritto mercantile ed altri. Ciascuno dei diritti secolari reclamava a sua volta la propria sacralità e quella sacralità era anch'essa messa in discussione dai sistemi giuridici secolari concorrenti e dallo stesso diritto ecclesiastico. Il pluralismo dei sistemi giuridici è rimasto un carattere dominante del diritto occidentale a dispetto dell'influenza del nazionalismo e del positivismo seguiti alla Riforma protestante. Al giorno d'oggi, in tutti i paesi dell'Occidente, Stati Uniti inclusi, ogni persona è soggetta a più di un sistema giuridico. Siamo soggetti non solo al diritto nazionale, ma anche al diritto internazionale; per opporci agli atti delle nostre autorità nazionali possiamo perciò invocare le consuetudini di diritto internazionale come anche i trattati e le convenzioni e pure le dichiarazioni delle Nazioni Unite. In America, inoltre, siamo soggetti tanto al diritto dei singoli stati quanto al diritto federale e possiamo ricorrere all'uno o all'altro in caso di bisogno; siamo anche soggetti al duplice diritto legislativo e costituzionale, il che ci consente di invocare i concetti di «giusto processo» e di «eguaglianza giuridica» per contrastare la volontà del legislatore. Ancora, siamo soggetti al contempo ai principi di tassatività e di equità, al rigore della legge, ma anche alla possibile deroga discrezionale alla legge nei casi consentiti. La coesistenza di diversi sistemi giuridici nella stessa comunità civile munisce di un fondamento giuridico il concetto di superiorità della legge; il potere politico è sempre soggetto ai limiti del diritto, a meno che chi governa non abbia assunto il controllo di *tutti* i sistemi giuridici a disposizione.

La chiesa medievale ha anche insegnato il *principio dell'accrescimento del diritto*, secondo il quale le dottrine e le istituzioni giuridiche devono essere fondate consapevolmente sull'autorità che le ha determinate nel passato, ma devono anche, altrettanto consapevolmente, essere adattate ai bisogni del presente e del futuro. I canonisti elaborarono nuove regole a partire da Giustiniano, dalla Bibbia, dai padri della chiesa, da Aristotele, dalle consuetudini germaniche. Veneravano i testi delle autorità, ma li glossavano e poi glossavano la glossa. Il concetto di accrescimento organico aiutò a conciliare la stabilità con la flessibilità. Proprio come avveniva con le grandi cattedrali gotiche, per la cui edificazione servivano secoli e budget stimati sul millennio, così i grandi testi legislativi erano costruiti e ricostruiti con un occhio al passato e uno al futuro. Infatti sono sopravvissuti. Le riforme che si stanno attuando nella Chiesa cattolica romana rappresentano lo sforzo di costruire ancora una volta sulle fondamenta giuridiche del dodicesimo e del tredicesimo secolo. Più ancora, le leggi canoniche sul matrimonio, sulle successioni, sulla responsabilità contrattuale, sui delitti, sui negozi giuridici, sulla proprietà, sull'equità, sulla procedura sono penetrati nei sistemi giuridici civili dell'Occidente, come del resto è avvenuto per lo stesso principio di accrescimento. Ne sono risultati un linguaggio comune del diritto occidentale e una tradizione giuridica occidentale capace di sviluppo organico.

La Riforma luterana de-giuridicizzò la chiesa e ruppe così il dualismo medievale fatto di due gerarchie e di due sistemi giuridici, uno della chiesa e uno delle autorità secolari. Laddove si impose il luteranesimo, la chiesa venne concepita come invisibile, apolitica, a-giuridica. L'unica sovranità, l'unico diritto, in senso politico, era ormai quello del regno o del principato secolare. Fu appena prima di allora, infatti, che Machiavelli inventò il termine «stato» per designare l'ordine politico puramente secolare. I riformatori protestanti seguivano in un certo senso Machiavelli: in quanto scettici circa il potere dell'uomo di creare un diritto umano che riflettesse quello eterno, negarono esplicitamente alla chiesa in quanto tale il compito di sviluppare il diritto umano. Lo scetticismo protestante consentì l'emersione di una teoria del diritto – il positivismo giuridico – che concepisce il diritto dello stato come moralmente neutro, un mezzo e non un fine, uno strumento attraverso il quale il sovrano esprime la propria politica e le assicura obbedienza. Tuttavia, la secolarizzazione del diritto e l'emersione di una teoria positivista del diritto sono solo una parte del contributo protestante alla tradizione giuridica occidentale. L'altra parte è egualmente importante. Liberando il diritto dalle dottrine teologiche e dalla diretta influenza ecclesiastica, la Riforma gli consentì di conoscere un nuovo, luminoso sviluppo. Con le parole del grande giurista e storico tedesco Rudolf Sohm, «la Riforma di Lutero rinnovò non soltanto la fede, ma anche il mondo: e tanto il mondo della vita spirituale quanto il mondo del diritto».[12]

La chiave del rinnovamento del diritto in Occidente a partire dal sedicesimo secolo fu il concetto protestante del potere dell'individuo, per grazia di Dio, di cambiare la natura e di creare nuove relazioni sociali in forza dell'esercizio della sua propria volontà. Il concetto protestante della volontà individuale divenne centrale nello sviluppo del moderno diritto di proprietà e dei contratti. La natura si trasformò in proprietà. Le relazioni economiche si trasformarono in contratti. La coscienza si trasformò in volontà e intenzione. Nella tradizione cattolica il testamento era servito a salvare le anime attraverso le donazioni; ora diveniva uno strumento per controllare le relazioni sociali ed economiche. Mediante la nuda espressione della loro volontà, della loro intenzione, i testatori potevano disporre della loro proprietà dopo la morte, mentre attraverso i contratti gli imprenditori potevano organizzare le loro relazioni d'affari. I diritti proprietari e contrattuali così creati erano tenuti come sacri e inviolabili, in tanto in quanto conformi alla coscienza. La coscienza conferiva loro la sacralità. Sicché la secolarizzazazione dello stato, nel senso limitato della rimozione di ogni controllo ecclesiastico su di esso, veniva accompagnata dalla spiritualizzazione e addirittura dalla sacralizzazione, della proprietà e del contratto.

Non è pertanto vero che il protestantesimo non abbia posto limiti al potere politico dei monarchi assoluti che governarono l'Europa nel sedicesimo secolo. Lo sviluppo del diritto positivo fu concepito come dipendente in ultima istanza dal principe e dal principe soltanto, ma si presupponeva comunque che nell'esercizio della sua volontà il principe avrebbe rispettato la coscienza individuale dei sudditi e cioè che i loro diritti proprietari e contrattuali sarebbero stati rispettati. Tale presupposto riposava – certo, non senza una qualche precarietà – sui quattro secoli di storia durante i quali la chiesa era riuscita a cristianizzare il diritto in misura da ritenere considerevole se si pensa al livello culturale dei popoli germanici. Dunque, un positivismo protestante che separa il diritto dalla morale, nega alla chiesa una competenza legislativa e rinviene la sanzione ultima del diritto nella forza politica presuppone nondimeno l'esistenza di una coscienza cristiana nel popolo e di uno stato retto da governanti cristiani.

Si è fin qui parlato di protestantesimo nella forma luterana. La più tarda forma calvinista ebbe anch'essa effetti profondi sullo sviluppo del diritto occidentale, specialmente in America. I puritani svilupparono ulteriormente il concetto luterano della sacralità della coscienza individuale, nonché della volontà giuridica della persona quale riflessa nei diritti proprietari e contrattuali. Essi aggiunsero però due elementi: in primo luogo credevano nel dovere dei cristiani di cambiare il mondo, donde il loro celebre slogan «riformare il mondo»;[13] in secondo luogo, credevano nelle comunità locali, sotto i loro ministri e anziani elettivi, in quanto sede della verità, «compagnia di credenti impegnati» più elevata di ogni autorità politica.[14] Il puritano impegnato, votato a riformare il mondo, era pronto a sfidare i supremi poteri della chiesa e dello stato pur di affermare la propria fede e in ciò si faceva forte della coscienza individuale e si appellava al diritto divino, alla legge mosaica dell'Antico Testamento e al diritto naturale della tradizione giuridica medievale. Così come i primi martiri cristiani avevano fondato la chiesa con la loro disobbedienza al diritto romano, così i puritani del diciassettesimo secolo, tra cui personaggi come Hampden, Lilburne, Udall, William Penn e altri, gettarono con l'aperta disobbedienza al diritto inglese del loro tempo le fondamenta dei diritti e delle libertà civili del nuovo diritto inglese e americano che avremmo trovati sanciti nelle nostre costituzioni: la libertà di espressione e di stampa, il libero esercizio della religione, l'immunità dall'auto-incriminazione, l'indipendenza della giuria dal giudice, il diritto di non essere incarcerato senza giusta causa e molti altri diritti e libertà analoghi.[15] Dobbiamo poi al congregazionalismo calvinista il fondamento religioso dei nostri concetti di contratto sociale e di governo basato sul consenso dei governati.[16]

Il diritto delle religioni secolari

Il puritanesimo in Inghilterra e in America e il corrispondente pietismo sul continente europeo furono gli ultimi grandi movimenti nati all'interno della chiesa istituzionale che influenzarono in modo fondamentale lo sviluppo del diritto occidentale. Certo, nel diciottesimo e diciannovesimo secolo tanto la Chiesa cattolica romana quanto le diverse confessioni protestanti continuarono ad esercitare la loro influenza sul diritto in varie direzioni. Il cristianesimo profetico continuò senza dubbio a giocare un ruolo notevole nella riforma del diritto, ad esempio con l'abolizione della schiavitù, la protezione dei lavoratori e più generalmente la legislazione sociale. Altrettanto indubbia continuò ad essere la difesa dello status quo, quale che esso fosse, da parte della «religione organizzata». Il fattore più significativo al riguardo, nel diciannovesimo secolo e ancora più nel ventesimo secolo, è stato il graduale ridursi delle religioni tradizionali a questione personale, privata, senza influenza pubblica sullo sviluppo del diritto, mentre altri sistemi di credenza – nuove religioni secolari («ideologie», «ismi») – si sono innalzati al rango di fedi appassionate per le quali le persone sono pronte collettivamente non solo a morire, ma anche, ben più arduo, a cambiar vita.

Furono le rivoluzioni americana e francese a preparare il terreno per le nuove religioni secolari. Esse riversarono nei movimenti socio-politici secolari la psicologia religiosa, ma anche molte delle idee che erano state precedentemente espresse in varie forme dal cattolicesimo e dal protestantesimo. Dapprima una sorta di ortodossia religiosa venne preservata mediante una filosofia deista che era tuttavia lontana dalla psicologia propria della fede religiosa. Ciò che era religioso nelle grandi menti rivoluzionarie del tardo diciottesimo secolo e del diciannovesimo secolo – di uomini come Rousseau e Jefferson – non era la fede in Dio, ma la fede nell'Uomo, nell'Individuo, nella sua Natura, nella sua Ragione, nei suoi Diritti. Le filosofie politiche e sociali che scaturirono dall'Illuminismo erano religioni nel senso che ascrivevano il significato ultimo e la sacralità stessa alla mente dell'individuo e anche, dobbiamo subito aggiungere, alla nazione. L'età dell'individualismo e del razionalismo fu infatti anche l'età del nazionalismo: l'individuo coincise con il cittadino e il concetto di opinione pubblica si affermò non come espressione dell'umanità, ma dei francesi, dei tedeschi, degli americani e così via.

Individualismo, razionalismo e nazionalismo – la Divinità Trina della Democrazia – trovarono la propria espressione giuridica nell'esaltazione del ruolo del legislatore e nel conseguente ridimensionamento (tranne che negli Stati Uniti) della produzione di norme per opera dei giudici, e poi ancora nell'emancipazione delle azioni dei privati dal controllo pubblico, specialmente in ambito economico, nella domanda di codificazione del diritto civile e penale, nello sforzo di rendere prevedibili le conseguenze giuridiche delle azioni individuali, anche in questo caso soprattutto nella sfera dell'economia. Tali «postulati giuridici», come li avrebbe chiamati Roscoe Pound,[17] venivano considerati giusti prima ancora che utili, e prima ancora che giusti, espressione dell'ordine naturale dell'universo. Si giunse a ritenere che la vita stessa derivasse il suo senso e il suo scopo da questi principi e dal principio correlato di razionalità giuridica, le cui fonti andavano evidentemente rinvenute nelle dottrine teologiche del diritto naturale e della ragione umana.

La democrazia liberale fu la prima grande religione secolare nella storia dell'Occidente, la prima ideologia che da un lato si separava dal cristianesimo della tradizione e dall'altro gli sottraeva, per farli suoi, il senso del sacro e alcuni dei suoi valori fondanti. Mentre diveniva una religione secolare, la democrazia liberale si trovò presto a fare i conti con il rivale del socialismo rivoluzionario e quando, dopo un secolo di attività rivoluzionaria in Europa, il comunismo prese il potere in Russia nel 1917, le dottrine di questo avevano assunto la sacralità della rivelazione divina e i suoi leader il carisma dei sommi sacerdoti. In più, il partito comunista possedeva tanto la coesione quanto l'austerità di un ordine monastico. Non fu per caso che durante le purghe successive alla Seconda guerra mondiale tra i comunisti europei leali verso la linea del partito si usasse dire «non c'è salvezza fuori dal partito».

Sebbene differenti per molti aspetti da quelli della democrazia liberale, anche i postulati giuridici del socialismo discendono dal cristianesimo. Ad esempio il *Codice morale del costruttore del comunismo* dell'Unione Sovietica – che gli scolari sovietici devono imparare a memoria e che è considerato la base della politica del diritto sovietica – contiene principi quali «lavoro coscienzioso per il bene della società: chi non lavora non mangia», «impegno da parte di ciascuno per la preservazione e la crescita della ricchezza pubblica», «collettivismo e mutua assistenza tra compagni: uno per tutti e tutti per uno», «onestà e sincerità, purezza morale, modestia e sobrietà nella vita personale e sociale», «rifiuto senza compromessi di ingiustizia, parassitismo, disonestà, carrierismo e accaparramento di denaro», «intransigenza verso i nemici del comunismo» e «solidarietà fraterna con i lavoratori di ogni paese e con tutte le genti».[18] Colpisce quanto il diritto sovietico ricordi il codice puritano della Massachussetts Bay Colony, il *Body of Liberties* del 1641, in materia di punizione del deviazionismo ideologico, dell'ozio e dell'immoralità personale.[19] In più, il sistema sovietico pone una grande enfasi sulla funzione educativa del diritto e sulla partecipazione popolare nelle procedure giudiziali e nell'applicazione della legge, attraverso tribunali dei compagni, pattuglie del popolo e individui preposti al collettivo della fabbrica o di quartiere. Ancora, tutto ciò viene fatto in nome di una escatologia che preconizza la scomparsa finale della coercizione e del diritto stesso, quando nascerà una società comunista nella quale – ancora, con le parole del *Codice morale del costruttore del comunismo* – ci si tratterà come «compagni, amici e fratelli». Intanto, affinché ciò avvenga, e non è una contraddizione con tale visione utopistica, sarà ben possibile ricorrere, anche pesantemente, alla coercizione e al diritto.

Vi è naturalmente una qualche esagerazione nel comparare il carattere religioso (o quasi-religioso) dei movimenti politici e sociali negli Stati Uniti con quello del comunismo nell'Unione Sovietica. Ad ogni modo in America e in tutti i paesi occidentali le emozioni che un tempo scorrevano nelle religioni tradizionali si riversano ora nei movimenti secolari dei partiti, dei sindacati, degli studenti, per le riforme sociali, la pace, la liberazione delle donne, l'ecologia e tanti altri. Peraltro, non è soltanto l'aspetto emotivo di questi movimenti ad essere di derivazione religiosa: essi derivano dal cristianesimo e dell'ebraismo molte delle loro idee e soprattutto è spesso simile la visione della storia, specialmente per quanto riguarda la fede nel futuro.

Nel frattempo, il cristianesimo viene perdendo il suo carattere pubblico, la sua dimensione politica e giuridica, e come osserva Jürgen Moltmann, si va «privatizzando».[20] Per lo più le persone vanno in chiesa in quanto individui, o in quanto singole famiglie, e lo fanno per un nutrimento spirituale da spendere in attività e relazioni che si svolgono altrove.

Siamo così di fronte a una combinazione di «cristianesimo senza religione» e di ciò che potremmo chiamare «religione senza cristianesimo».[21] La questione che ciò pone al diritto è se, e in caso come, una tale combinazione possa comunque produrre l'autorità necessaria per traghettare in una nuova epoca i grandi principi del pensiero giuridico occidentale, elaborati con tanta fatica nel corso di due millenni di storia. Ne va del principio di disobbedienza civile, di riforma del diritto nel senso di una maggiore umanità, di coesistenza di sistemi giuridici diversi, di conformità del diritto a un sistema morale, di intangibilità dei diritti proprietari e contrattuali stabiliti su base di volontà, di libertà di coscienza, di limiti giuridici al potere esecutivo, di responsabilità del legislatore nei confronti dell'opinione pubblica, di prevedibilità delle conseguenze giuridiche delle azioni sociali ed economiche, ma anche dei più recenti principi socialisti della priorità dell'interesse pubblico e dello stato sociale. A molti questi principi potranno sembrare ovvi, a molti altri sembreranno semplicemente espressione di una politica utilitarista, ma per l'uomo occidentale essi sono nel loro insieme, e sopra ogni altra cosa, conquiste storiche ricavate principalmente dall'esperienza della chiesa cristiana nelle varie età della sua vita, dalla chiesa clandestina dei primi secoli alla chiesa-stato teocratica di Bisanzio e dell'alto Medioevo occidentale, dalla chiesa visibile, istituzionale, indipendente e transnazionale del basso Medioevo alla chiesa luterana invisibile, parte della nazione, e alla chiesa congregazionale calvinista, fino a quella di oggi che è sempre più la chiesa del privato individuo. Queste successive età della chiesa hanno creato le condizioni psicologiche e gran parte dei valori sui cui riposano i sistemi giuridici della democrazia e del socialismo.

Alcuni, soprattutto intellettuali, suppongono che i principi giuridici fondamentali della democrazia o del socialismo possano sopravvivere senza fondamenta religiose o quasi-religiose, grazie all'esistenza di specifici presìdi politici ed economici, e a una generica filosofia umanista. Tuttavia la storia, anche la storia corrente, testimonia altrimenti. Le persone non tributano la loro fedeltà a un sistema politico o economico, ancor meno ad una filosofia, a meno che questi non rappresentino per loro una verità più alta, una verità sacra. Le persone non rispetteranno quelle istituzioni che non sembrano corrispondere a una qualche realtà trascendente meritevole della loro fede, *in cui* credono con tutte se stesse e non solo con la testa. Ecco perché in paesi democratici e socialisti che hanno abbandonato le religioni della tradizione, si finisce per rivolgersi alle religioni della razza, del paese o della classe, o di tutti e tre insieme. Quando ciò accade gli intellettuali si sentono traditi. Continuano ad aspettarsi che le persone svilupperanno un nuovo tipo di coscienza, secolare e razionale come la loro, ma non si rendono conto che il loro stesso credo nei sistemi politici ed economici e in una filosofia umanista è non meno ultra-razionale ed egoista, semplicemente perché anche quel credo è comunque una religione, la religione dell'intellettuale.

In questi primi due capitoli ho provato a mettere in discussione la concezione diffusa secondo la quale il diritto si trova primariamente nei codici. Il diritto *non è* primariamente una raccolta di regole, di giudizi che applicano quelle regole ai casi concreti, di trattati e articoli dotti in cui si analizza come le regole sono state applicate ai casi. Questo è semmai il residuo del diritto depositatosi nelle menti degli esperti, ma la realtà fondamentale del diritto, in ogni società, consiste nella messa in scena della sua continua produzione e riproduzione. Quella messa in scena, con i suoi riti, la sua tradizione, la sua autorità e la sua universalità manifesta e realizza non soltanto i principi e le politiche del diritto, ma anche i valori giuridici, le emozioni giuridiche. Tali valori ed emozioni, a loro volta, concorrono a costituire la dimensione religiosa del diritto, la sua sacralità.

In secondo luogo, questi capitoli sono tesi a sfidare l'altra concezione abituale che il diritto sia il prodotto della sola politica. Naturalmente la politica è all'origine delle leggi e anche delle sentenze; ma se le persone non crederanno nel diritto, se non gli collegheranno un significato ultimo e universale, se non lo vedranno e non lo giudicheranno quale verità trascendentale, nulla potrà accadere. Il diritto non funzionerà. Sarà come morto.

In terzo luogo, questi capitoli sfidano la visione per la quale i valori giuridici appartengono anzitutto alle facoltà razionali dell'uomo, alla sua capacità di «escogitare» soluzioni sagge ai problemi. Così in effetti è avvenuto per molti dei principi fondamentali del nostro diritto e dobbiamo esserne grati; ma se questi principi sono reali e se meritano obbedienza è perché si è combattuto per essi, perché sono stati conquistati nella lotta dell'uomo occidentale in difesa della sua fede e nello sforzo di adattamento a nuove situazioni storiche. Se perdiamo la memoria della lotta da cui sono nati quei principi non saremo in grado di giudicarli come meritano. Ad esempio possiamo non trovarci d'accordo sulla saggezza politica di quei nostri contemporanei che praticano la disobbedienza civile e di chi vuole che il governo sia tollerante al riguardo, ma dobbiamo tutti convenire che il tribunale chiamato a giudicare imputati accusati di aver violato leggi da essi sinceramente ritenute contrarie alla loro coscienza dovrebbe accettare quella convinzione come una circostanza attenuante piuttosto che aggravante, in omaggio al patrimonio consegnatoci da più di due millenni. In modo simile possiamo non trovarci d'accordo sulla saggezza del principio *pacta sunt servanda* che richiede di onorare i contratti, ma dobbiamo riconoscere che se adottassimo il principio contrario – sicché un accordo non andrebbe onorato se si rivelasse svantaggioso per il contraente debole – rinnegheremmo più di quattro secoli della nostra storia giuridica e religiosa. Ora, possiamo avere opinioni diverse sull'importanza di quella storia, se essa debba vincolarci in una specifica materia, ma dobbiamo riconoscere che le grandi passioni da cui è nato il nostro patrimonio creano una presunzione in favore della sua preservazione. Certamente la presunzione in favore della continuità storica può essere rovesciata, ma l'onere della prova incombe su chi propone di cambiare.

Infine, ho provato a mettere in discussione l'idea che la storia sia una mera registrazione del passato e non anche, invece, un percorso verso il futuro. Entrambi il diritto e la religione dell'Occidente trattano la storia come una tradizione vivente, come un simbolo del divenire. Entrambi ci mettono in contatto con un passato che precede le nostre ideologie politiche ed economiche – tanto la democrazia quanto il socialismo – e così facendo ci mettono anche in contatto con un futuro che trascende le controversie ideologiche del nostro tempo. Per questo la pesante perdita di fiducia nel diritto e nella religione cui assistiamo minaccia la nostra integrità di popolo: è in pericolo il nostro intero passato e dunque il nostro intero futuro. Una delle vie che possiamo percorrere per superare la crisi d'integrità è quella del recupero del senso di come, in vari momenti della storia dell'uomo occidentale, l'interazione tra diritto e religione ha consentito la rigenerazione dell'uno e dell'altra.

III.
IL DIRITTO COME DIMENSIONE DELLA RELIGIONE

Ci siamo fin qui occupati del nesso di dipendenza dalla religione in forza del quale, in tutte le società, il diritto riceve la sua sacralità da elementi religiosi quali il rito, la tradizione, l'autorità e l'universalità. Ci siamo anche occupati del ruolo del cristianesimo e delle religioni secolari da esso derivate nel generare lo sviluppo del diritto occidentale e nel dargli forma.

Si è sostenuto che la grave crisi di fiducia nel diritto che stiamo osservando in America e altrove può soltanto essere affrontata e risolta se riconosciamo che il diritto non soltanto riguarda l'utilità sociale, ma è anche, e fondamentalmente, parte del senso e dello scopo ultimi della vita, al punto di coinvolgere l'intero essere dell'uomo e cioè tanto la sua ragione e la sua volontà, quanto le sue emozioni e la sua fede.

Se è vero però che la crisi di fiducia nel diritto può essere risolta soltanto ricorrendo alla religione, che fare davanti alla crisi di fiducia nella religione? Fare appello alla religione per salvare il diritto nell'America odierna è come chiedere ad un uomo che sta annegando di salvarne un altro nella stessa situazione. La questione è allora: come può la religione ritrovare una sua vitalità?

Può sembrare paradossale, ma almeno parte della risposta risiede nella necessità di riconoscere e ripristinare la sua dimensione giuridica. Infatti, così come il diritto senza religione perde la sua sacralità e la sua ispirazione, così la religione senza il diritto perde il suo carattere storico e sociale e si trasforma in una mistica meramente personale. Il diritto (che abbiamo definito come il processo mediante il quale si risolvono i conflitti e si creano canali di cooperazione attraverso l'allocazione dei diritti e dei doveri) e la religione (a sua volta definita come la preoccupazione collettiva per il senso e lo scopo ultimi della vita, nonché come l'impegno per il loro perseguimento) sono due dimensioni differenti dell'esperienza umana, ma ognuna delle due è anche parte dell'altra: stanno o cadono insieme.

Non intendo sostenere una unione di religione e diritto, ma una interdipendenza dialettica tra le due dimensioni. È vero che in alcune culture come quelle dell'antico Israele e dell'islam, la religione e il diritto si identificano l'una con l'altro. Analoga tendenza può rinvenirsi nell'hinduismo e in molte culture orali contemporanee. All'origine, la rivolta del buddhismo contro l'hinduismo o quella del cristianesimo contro l'ebraismo sono almeno in parte rivolte contro l'eccessiva sacralizzazione del diritto e l'eccessiva giuridicizzazione della religione.

Il rifiuto del legalismo può arrivare fino a negare il valore religioso di ogni tipo di legge e di rifiutare qualsivoglia elemento giuridico della religione. Nelle sue forme più pure, il buddhismo chiede al principe di rinunciare al suo regno e di consacrare la vita alla ricerca della pace interiore. Taluni mistici cristiani sposano simili dottrine. Anche nel misticismo, tuttavia, si configura un elemento giuridico nel momento in cui i monaci stabiliscono relazioni gli uni con gli altri e passano di mano alle nuove generazioni il loro credo e le loro pratiche. Se il raggiungimento del Nirvana è la preoccupazione ultima del monaco buddhista, non minore è la sua preoccupazione per l'esistenza di una scuola in cui formare se stesso e gli altri. Gli studenti e i professori americani che praticano la meditazione individuale, ad esempio, hanno una loro Students' International Meditation Society e centri dove informarsi sulle proprie pratiche, comprare mantra, ecc. Circa 1500 anni fa, Simeone Stilita sedette in cima ad un'alta colonna per esprimere il suo rifiuto delle consuetudini e delle leggi del mondo, ma anche questo – di per sé – era certamente un modo, il suo modo, di strutturare valori religiosi. Oltretutto egli accettava il servizio di quanti, per la loro fede nella sua vita eremitica, provvedevano a nutrirlo. Quando poi il misticismo si trasferisce dall'eremitaggio al monastero, si rende necessario un diritto ancora più elaborato. Non a caso la tradizione giuridica occidentale fondata dai canonisti del dodicesimo secolo ebbe una delle sue principali fonti d'ispirazione nelle regole penitenziali degli ordini monastici.

Sostengo allora che come anche nelle religioni più legalistiche esiste e deve esistere una attenzione alla vita spirituale interiore dell'uomo, così nelle religioni più mistiche c'è e deve esserci un'attenzione all'ordine sociale e alla giustizia sociale. In ogni religione sussiste e deve sussistere un elemento giuridico, anzi devono sussisterne due: uno relativo ai processi sociali della comunità che condivide una particolare fede religiosa, uno relativo ai processi della società di cui è parte la comunità religiosa.

L'importanza di questo fatto – che la religione stessa abbia una dimensione giuridica – acquista rilievo se consideriamo le marcate tendenze antigiuridiche delle moderne scuole di pensiero religioso. Risulta infatti che in un gran numero di istituti di formazione protestanti e cattolici americani vige ormai un radicato sospetto nei confronti di ogni tipo di diritto, cui si accompagna la convinzione che le strutture e i processi attraverso i quali si dà ordine alla società non riguardino le aspirazioni spirituali dell'uomo e siano persino estranei ad esse. Una analoga convinzione è certamente diffusa nelle nostre scuole di giurisprudenza, dove il diritto viene ad essere visto come un sistema di regole e di tecniche per risolvere controversie e problemi sociali, non come una risposta alle preoccupazioni ultime dell'uomo.

Desidero di seguito discutere tre diverse giustificazioni dottrinali cui ricorrono i teologi cristiani che sostengono la necessità di una radicale separazione della religione dal diritto. Anzitutto, si sostiene, la sola legge che vincola un cristiano è la legge dell'amore; qualcuno parla in proposito di una «teologia dell'amore». Ne deriva la convinzione che le strutture giuridiche ed etiche sono sempre relative alla situazione specifica e ad essa subordinate, donde la cosiddetta «etica della situazione». La seconda giustificazione dottrinale è che i cristiani dovrebbero vivere secondo la fede e non secondo la legge. Parlerei in proposito di «teologia della fede». Da essa deriva la convinzione che l'identità visibile e separata della chiesa dovrebbe dissolversi e che i cristiani dovrebbero disperdersi nella «città secolare», donde il cosiddetto «cristianesimo senza religione» che può anche prendere la forma di un secolarismo cristiano. In terzo luogo, l'antinomismo, o anti-giuridismo, sostiene che la risurrezione di Cristo ha introdotto una nuova era di grazia nella quale i cristiani – giacché vivono alla fine del mondo – sono liberati da ogni vincolo giuridico e morale. Parlerei in questo caso di «teologia della speranza». Questa convinzione è di norma associata al protestantesimo radicale, ma oggi essa si rinnova negli scritti di certi teologi cattolici romani che da questa prospettiva mettono in discussione la legittimità del diritto canonico.

Discuterò infine una quarta dottrina non teologica e cioè l'antagonismo nei confronti del diritto che nutre quella che è stata chiamata la cultura giovanile o contro-cultura di alcuni gruppi dell'America di oggi. Tale cultura predica e sperimenta una nuova visione apocalittica secolare fondata sul credo nella superiorità della spontaneità, dell'entusiasmo e dell'amore rispetto ad ogni procedura e struttura che sia stata istituzionalizzata al fine di allocare diritti e obblighi.

Diritto e amore

La teologia dell'amore proclama che esiste un solo sacro comandamento, quello dell'amore per Dio e per l'uomo, e che chi ama veramente nel senso cristiano del termine può trascurare ogni altra regola morale e giuridica. L'amore, si sostiene, è un dono gratuito che non può esser soggetto alla legge morale o politica. Il diritto, infatti, è astratto, oggettivo e impersonale, mentre l'amore è concreto, soggettivo e personale. Ancora, il diritto generalizza, mentre l'amore riguarda l'individuo nella sua unicità; il diritto ha a che vedere con il potere, gli affari, le cose del mondo, mentre l'amore ha a che vedere con la vita cristiana. Il vero cristiano, si dice poi, non ha bisogno del diritto; la sua regola è quella di Sant'Agostino: «ama e fa ciò che vuoi!» (*dilige et quod vis fac*).[1]

Un tale contrasto tra amore e diritto fa di entrambi una caricatura.

Di certo non vi è traccia di esso nell'Antico o nel Nuovo Testamento. In primo luogo, il comandamento biblico «ama Dio con tutto il tuo cuore, tutta la tua anima e tutta la tua forza» e «ama il tuo prossimo come te stesso» non erano posti al di fuori della legge mosaica, ma ne erano parte integrante, in quanto espressamente proclamati nella Torah; tanto che Gesù li definì la sintesi, l'essenza, della legge mosaica stessa.[2] Ciò significa che per entrambi l'ebraismo e il cristianesimo l'amore è concepito come lo spirito del diritto, mentre il diritto – con le sue specifiche regole di condotta e i suoi principi morali generali – è inteso come l'incarnazione dell'amore. Di questo si tratta in quel grande episodio in cui Gesù denuncia gli scribi e i farisei con queste parole: «Guai a voi, scribi e farisei ipocriti, perché pagate la decima della menta, dell'aneto e del cumino e trascurate le cose più gravi della legge: il giudizio, la misericordia e la fede. Queste sono le cose che bisognava fare, senza tralasciare le altre. Guide cieche, che filtrate il moscerino e inghiottite il cammello» (Matteo 23:23). In altre parole, Gesù non fece divorziare l'amore dal diritto o il diritto dalla giustizia e dalla misericordia o ancora la giustizia e la misericordia del diritto dai suoi aspetti tecnici, «la menta, l'aneto e il cumino». Insistette invece nell'interpretare *tutto* il diritto alla luce del suo spirito e del suo scopo, alla luce dell'amore, piuttosto che in modo letterale e meccanico. Così, operò guarigioni di sabato, mangiò con i gentili e soprattutto sfidò il sinedrio. Non accettò mai, però, che il suo comportamento fosse ritenuto in violazione della legge ebraica; al contrario, si comportò come si comportò in nome della legge stessa, in nome di ciò che la legge in fondo deve essere. «Sono venuto», disse infatti, «per compiere la legge».

Il divorzio del diritto dall'amore riposa sul malinteso che l'essenza del diritto consista nelle sue regole e che il diritto vada dunque definito essenzialmente come un corpo di regole. Ciò finisce per trascurare la qualità attiva, vivente, del diritto quale processo teso ad ordinare la società. In quanto istituzione sociale viva, in azione, il diritto è altrettanto concreto, soggettivo e personale quanto ogni altro aspetto della vita sociale. Un processo in un'aula di tribunale non è certo più astratto di una liturgia in una chiesa. Non c'è nulla di impersonale nel mettere qualcuno in prigione per furto con scasso o nel diffidare un consiglio scolastico dall'escludere bambini neri da una scuola media o ancora nel riconoscere a un uomo investito da un'auto il risarcimento delle spese mediche. Il diritto non sta tutto nelle regole e nei concetti; è anche, e primariamente, un insieme di relazioni interpersonali. Se si concepiscono diritto e amore in contrasto tra loro, si esagera il ruolo delle regole nel diritto e si sminuisce il ruolo della decisione e della relazione.

Il malinteso si estende poi al ruolo delle regole giuridiche. Le regole non negano le nostre personalità nella loro unicità e individualità. Al contrario, sono necessarie per proteggere le nostre personalità – uniche e individuali – da azioni capricciose, arbitrarie e oppressive. Naturalmente è vero che le regole sono formulate in termini di somiglianze tra le persone, le quali sono trattate quali appartenenti a classi o categorie. Ciò è necessario per preservare il principio generale secondo cui casi simili devono essere decisi in modo simile. Questo, tuttavia, non è soltanto un principio di diritto; è anche un principio di amore. Non è amore, infatti, trattare una persona in modo diverso dagli altri in circostanze nelle quali dovrebbe invece essere trattata in modo eguale. Non sarebbe amore se un legislatore, un giudice o un organo amministrativo esigessero da alcuni tasse più alte di quelle pagate da altri nell'identica situazione. Potrebbe essere amore se una persona desse del suo a qualcuno che ne avesse più bisogno, ma non sarebbe amore se la società permettesse al più bisognoso di appropriarsi di qualcosa senza il permesso del proprietario. Poiché viviamo una vita comune di mutue interazioni, le nostre personalità richiedono – per il bene dell'amore – che siano tutelati principi generali applicati con imparzialità.

Inoltre, l'eguaglianza di trattamento e i principi di generalità e imparzialità del diritto non devono essere intesi come un letto di Procuste al quale ciascuno va adattato indipendentemente dalla sua taglia. Molti non giuristi, e anche qualche giurista, condividono questa grande falsità circa il diritto e cioè che esso consista in un sistema meccanico di riduzione in regola di situazioni di fatto. Certamente è possibile, e accade, che il diritto degeneri in questo; ma il diritto non è intrinsecamente questo. Le regole di diritto, come ogni espressione linguistica, traggono il loro significato dal contesto in cui prendono forma verbale o scritta. In una procedura giudiziale, ad esempio, succede che le parti compaiano e che vengano sentite, insieme ai testimoni; i tratti personali di tutti coloro che partecipano alla procedura sono visibili, le prove vengono soppesate, il giudizio viene a formarsi circa il modo in cui ci si debba regolare con gli individui interessati alla luce degli indirizzi generali. In ogni fase si opera un bilanciamento tra regola e discrezionalità. Nella maggior parte dei casi, in realtà, il pericolo sta più nella soggettività che nell'oggettività. Ancora una volta, deve preoccupare almeno altrettanto dal punto di vista dell'amore quanto da quello del diritto che la società si adoperi per evitare che i fattori «concreti, soggettivi e personali» diventino incontrollabili.

Non si tratta soltanto di procedure giudiziali o genericamente giuridiche, ivi comprese quelle legislative e amministrative. Si tratta di ben di più e cioè della natura della nostra partecipazione a comunità allargate. La separazione radicale tra chiesa e stato in Occidente è sfociata da ultimo nell'insegnamento calvinista che «tutto è dovuto allo stato eccetto l'amore». Di certo è idolatria amare una astratta istituzione politica. Eppure, se contabilizziamo da un parte la famiglia, la congregazione, il quartiere, la scuola e altri gruppi in cui ci si frequenta di persona, verso i quali possiamo provare amore, e da un'altra parte le comunità allargate cui apparteniamo, la città, la regione, la razza, la nazione, l'umanità, che dovremmo invece servire senza amarle, attraverso strutture giuridiche meccaniche e burocratiche, finiamo per insterilire il diritto e per idealizzare l'amore. È chiaro che l'amore può esprimersi attraverso esplosioni di gioia incontrollata, ma non appena va oltre le relazioni intime tra pochi, anche esso necessita di regole per funzionare.

A sua volta il diritto è tutt'altro che escluso dalle relazioni personali strette. Persino all'interno della famiglia, l'amore si esprime attraverso la regolazione giuridica di svariate materie come la divisione dei compiti tra i membri, il giusto ascolto degli interessati in caso di dispute, la coerenza nell'assegnazione di premi e punizioni, l'insistenza sulla necessità di onorare gli accordi, il rispetto degli averi altrui e altre analoghe manifestazioni dei principi di eguaglianza, generalità, imparzialità e reciprocità. L'ordine sociale nella famiglia differisce da quello nello stato in quanto può fare a meno delle formalità. Il diritto, nella famiglia, è informale, consuetudinario, mentre il diritto dello stato moderno è per lo più formalizzato, promulgato. Tuttavia, che si tratti di comunità piccole o grandi, le relazioni di mutua interdipendenza e di reciproco sostegno sono regolate, almeno in parte, attraverso processi di allocazione di diritti e doveri e perciò di risoluzione dei conflitti e di istituzione di canali di cooperazione.

Il diritto e l'amore patiscono entrambi distinzioni troppo calcate tra la regola e la sua applicazione, tra l'atto e la persona, tra aggregazioni sociali allargate e gruppi in cui ci si frequenta di persona: si tratta di distinzioni molto utili se comprese nella loro relatività, ma assai pericolose se assolutizzate. Ora, la distinzione viene assolutizzata quando il diritto è trattato come un mero sistema tecnico o meccanico, indipendente dai suoi scopi; la distinzione viene anche assolutizzata quando l'amore è trattato come un sentimento puramente personale o occasionale, indipendente dalle forme sociali in cui si esprime.

La fallacia di entrambi gli approcci è manifesta nell'«etica della situazione» che pretende di trarre la soluzione ai problemi etici dalle particolari situazioni in cui sorgono i problemi stessi. Tali situazioni dovrebbero essere affrontate con amore cristiano, ma non sarebbero altrimenti soggette a regole morali.[3] «Ama e fa ciò che vuoi». Si tratta, naturalmente, di una reazione comprensibile a quei sistemi etici che deducono regole minuziose dalle dottrine religiose e applicano le regole sulla base di categorie rigide. Nel combattere un tale «insidioso legalismo», i teologi contemporanei vanno certo giustificati quando sottolineano che le regole devono essere non idolatrate, ma adeguate ai bisogni umani e sociali. La reazione va però troppo oltre quando si approcciano le situazioni come se non dovessero essere soggette a regola alcuna. È interessante come lo scetticismo nei confronti delle regole che nutre la teologia contemporanea trovi una quasi perfetta rispondenza in certe moderne scuole giuridiche, come quella del «realismo giuridico», che mettono in discussione la validità di ogni regola giuridica e cercano soluzioni sulla base dei benefici che possono trarsi nel caso specifico o, più in profondità, dell'impressione che il giudice si fa del carattere della situazione e delle regole intrinseche ad essa.

La fallacia principale dell'etica e del diritto «della situazione» risiede nel supporre che la situazione si auto-definisca, che si presenti bella pronta, mentre invece essa viene ad essere definita in gran parte proprio da quelle regole di cui l'eticista «della situazione» e il giurista realista vorrebbero disfarsi. Al contrario, le regole sono parte integrante della situazione, così come lo sono le persone deputate a risolverla e cioè i giudici, i legislatori, gli amministratori e ogni altro. È forse possibile pensare ad un esercizio puramente accademico in aula in cui si consideri, indipendentemente da ogni regola e da chi partecipi alla discussione, se per esempio in un certo caso particolare debba consentirsi a un dottore di togliere la vita a un paziente; ma se il caso si presenta nella vita reale, in un ospedale o in un'aula di tribunale o in parlamento, non è possibile fare a meno delle regole senza per ciò stesso fare a meno dell'amministrazione dell'ospedale o del giudice o del legislatore, poiché essi traggono i loro diritti e i loro doveri in materia proprio dalle regole. Bisognerebbe allora fare a meno del caso stesso, giacché si dà un caso solo se esistono le regole che lo rendono tale. E in fondo lo stesso varrebbe anche per la discussione di un caso di omicidio in un'aula universitaria, perché ciò che è costitutivo della situazione è la regola secondo la quale l'omicidio è ingiustificato in certe circostanze e giustificato in altre.

Insomma, espellere il diritto dalle relazioni sociali, per l'intera società o per piccoli gruppi, significa far rimanere non l'amore, ma il capriccio, l'arbitrarietà e l'oppressione. L'amore, infatti, ha bisogno del diritto. Da un punto di vista ebraico e cristiano, ma anche umanista, questa è del resto la principale giustificazione dell'esistenza del diritto e anche il suo primo obbiettivo: creare le condizioni perché l'amore possa fiorire.

Una migliore comprensione può venire da alcuni semplici esempi. La Costituzione degli Stati Uniti tutela tanto la libertà d'espressione quanto la libertà di culto e di insegnamento religioso. Ciò offre a quanti credono nell'amore l'opportunità di battersi perché si diffonda il loro messaggio. Il diritto tributario permette deduzioni dall'imponibile a vantaggio di enti caritativi e incoraggia così contributi finanziari ai bisognosi. La legge impone l'obbligo scolastico e così facendo promuove l'alfabetizzazione che a sua volta consente di leggere le Scritture. La legge che punisce il reato di bigamia protegge le donne da certe forme di oppressione e rafforza la famiglia. Il diritto della proprietà e della finanza – ad esempio, le leggi urbanistiche e le leggi sui prestiti – contribuiscono come nel caso dei prestiti della Federal Housing Authority a scongiurare il sovraffollamento abitativo nelle città. Il diritto dei contratti aiuta a creare condizioni di fiducia nel mondo degli affari. Molte cose sono sbagliate in questi e in altri rami del diritto, ma se fossero rimossi del tutto, l'amore dovrebbe realizzarsi nel caos sociale. È ovviamente vero che il diritto da solo non può creare amore; ma è egualmente vero, anche se meno ovvio, che la realizzazione dell'amore nella società richiede il diritto, da un lato perché prepari il terreno all'amore e dall'altro perché se ne faccia veicolo.

Mi si domanderà allora: è davvero l'amore che il diritto contribuisce in tal modo a rafforzare o non invece la buona volontà e la civiltà? È davvero quel tipo di spirito di sacrificio che associamo a parole come *caritas* e *agape* o non è più semplicemente il mantenimento di uno standard minimo di comportamento funzionale agli interessi personali di ciascuno? La domanda suggerisce, come è vero, che il diritto normalmente non esige atti di sacrificio o di eroismo e anche se li esigesse non potrebbe obbligare ai sentimenti che si accompagnano ad essi. L'osservazione si può formulare anche così: l'amore non chiede al diritto di esigere tali atti o sentimenti; non ne ricaverebbe alcun beneficio. Il diritto è di beneficio all'amore non quando cerca di sostituirlo, ma quando crea il terreno propizio a farlo crescere. Il fatto, ad esempio, che il giudice sia imparziale, che ascolti entrambe le parti di una controversia, che apra la sua mente e il suo cuore all'attore come al convenuto, serve a scongiurare che il pregiudizio o l'odio influenzino la decisione. È proprio ciò che domanda l'amore. Il giudice deve sapersi mettere nei panni delle parti. Allo stesso modo, il riconoscimento della forza vincolante della promessa in materia contrattuale, la punizione dei reati, il rispetto degli obblighi fiduciari, il risarcimento del danno da condotta negligente è proprio ciò che l'amore chiede al diritto al fine di eliminare l'abuso di fiducia, l'illecito, la truffa, l'insicurezza e così via. Non si richiede al diritto di essere l'amore, ma di servirlo fedelmente. C'è una grande differenza tra dire questo e dire che amore e diritto sono fondamentalmente opposti l'uno all'altro per principio.

Dire che il diritto non esige un amore pronto al sacrificio non vuol dire che un tale amore non sia invece spesso richiesto all'avvocato, al giudice, al legislatore o all'ufficiale esecutivo che sono coinvolti nella vera e propria impresa di fare o applicare il diritto, o anche al cittadino che deve osservarlo. L'avvocato dilaniato in coscienza tra il dovere verso l'assistito e il dovere verso la corte, visto che egli è al contempo il rappresentante dell'uno e il funzionario dell'altra, necessita di una grande integrità di mente e di cuore. Dovremmo riconoscere la dedizione di quegli avvocati che si trovano spinti dalla loro sensibilità a misurarsi con insopportabili dilemmi spirituali sorti indipendentemente dalla loro volontà. In modo simile dovremmo celebrare l'eroismo di quei giudici che perché fedeli alla legge rischiano di essere riprovati e disprezzati dalle loro comunità. Si pensi specialmente ai tanti giudici nel profondo sud che negli anni Cinquanta e Sessanta hanno applicato coscienziosamente quell'alto principio di eguaglianza razziale che le comunità locali invece rifiutavano. Anche qui, sebbene in un senso diverso, il diritto ha servito l'amore.[4]

Diritto e fede

Come il contrasto tra diritto e amore, anche il contrasto tra diritto e fede trascura la dimensione sociale – e dunque la dimensione giuridica – della religione. Tuttavia, la «teologia della fede», a differenza della «teologia dell'amore», si preoccupa non tanto di come la società nel suo insieme dovrebbe essere strutturata o non strutturata, o di come una persona dovrebbe relazionarsi col prossimo, bensì di come dovrebbe strutturarsi, o non strutturarsi, la comunità religiosa e di come una persona dovrebbe relazionarsi con Dio.

Dobbiamo tornare qui alla dottrina della giustificazione per la fede di Lutero e alla sua condanna del diritto canonico. Il principe, secondo Lutero, dovrebbe governare mediante il diritto giacché egli serve e protegge gli altri, ma il singolo cristiano «è una persona a sé stante; crede per sé e per nessun altro».[5] Pertanto, un cristiano è «giustificato» o santificato dalla sola fede, benché naturalmente egli debba anche, in subordine, obbedire ai «decreti esteriori di Dio», come del resto anche a quelli del principe. Lutero avrebbe avuto poca simpatia per la moderna teologia dell'amore o per «l'etica della situazione»; del resto escluse categoricamente che la dottrina della giustificazione per la fede esonerasse l'individuo dall'obbligo di osservare i Dieci Comandamenti e la loro traduzione nella legge morale. Una volta che la fede abbia trasformato un uomo in un credente, disse Lutero, allora «cominciano le opere».[6] Le buone opere sono richieste dalla fede, non da una gerarchia ecclesiastica. Se il cristiano è «una persona a sé stante», così la chiesa è una invisibile comunità di cristiani nel territorio del principe. La chiesa non può organizzarsi in forma di ente giuridico indipendente senza per ciò stesso offendere Dio.

Perciò, se Lutero vivesse oggi, potrebbe ben simpatizzare con la teologia della fede di quanti contestano le forme esterne della religione, le chiese come enti separati, l'auto-identificazione delle chiese in culti e organizzazioni.[7] Dietrich Bonhoeffer, in particolare, sembra farsi carico dello spirito di Lutero quando predica che il cristianesimo dovrebbe liberarsi della sua identità istituzionale, della sua religiosità, e «perdere la vita (...) nel servizio al mondo e per il mondo». Il «cristianesimo senza religione» di Bonhoeffer vota totalmente il singolo cristiano al mondo in cui vive. Il cristiano deve perdere se stesso nelle questioni e nelle domande del suo tempo. L'uomo ha ormai raggiunto la maturità e non ha più bisogno di aggrapparsi alla religione. Di qui l'idea che i cristiani dovrebbero fare a meno delle loro chiese e divenire parte della «città secolare».[8]

Il problema è che quanti oggi invocano in nome della fede lo scioglimento delle strutture ecclesiastiche non ci dicono come, senza di esse, si riuscirà a tenere in vita la fede all'interno della comunità di fede e a tramandarla alle generazioni che verranno. Di più, costoro non ci dimostrano – sebbene lo presuppongano – perché il diritto delle comunità di fede e i loro processi di auto-governo non sarebbero effettivamente in grado di simboleggiare la fede cristiana. Essi declassano al rango di importanza secondaria («penultima»), o anche inferiore, le condizioni, le procedure e le cerimonie attraverso le quali i membri delle chiese vengono convocati insieme per il culto, l'educazione, il sostegno reciproco e l'azione sociale; così facendo mancano di riconoscere che tali condizioni, procedure e cerimonie hanno in potenza una qualità sacramentale. Forse che le chiese dovrebbero fare a meno di ogni legge e consuetudine circa il battesimo, la confermazione, il matrimonio e il funerale? Forse che dovrebbero privarsi dell'auto-governo attraverso diaconi, assemblee, commissioni e ogni altra forma usata dalle varie confessioni? E ancora, dovrebbero fare a meno del culto, delle donazioni ai bisognosi, degli interventi sociali?

Non c'è bisogno di addentrarsi nei meandri delle varie dottrine sulla giustificazione per sapere che la fede richiede non soltanto le opere individuali, ma anche quelle collettive e che le opere collettive incorporate nel diritto hanno un valore ultimo (non solo penultimo) come ogni altra azione dell'uomo. Lutero stesso, è bene ricordare, ha insegnato che il diritto ha non soltanto il valore al negativo di spingere gli uomini al pentimento e di dissuaderli dal male attraverso le pene, ma anche il valore al positivo di essere di guida a quanti cercano di servire Dio.[9] Non è certo contrario al luteranesimo (o ad ogni altra interpretazione principale del cristianesimo) dire, con Calvino, che la legge rallegra l'uomo, perché non solo lo accresce in saggezza, ma lo «stimola all'obbedienza».[10]

È allora il caso di chiedersi di quale legge stiamo parlando: di quella morale dei Dieci Comandamenti? Della legge della ragione e della natura umana inscritta nei cuori degli uomini? Della legge della chiesa? Dei vari rami del diritto degli stati che si occupano di contratti, illeciti, proprietà, reati, società? Del diritto amministrativo o costituzionale o altro? Possiamo dire che il fedele si rallegri di tutto ciò? Sì, certo, a condizione che vi si insegnino la saggezza e la virtù. Dobbiamo però essere più precisi. I fedeli dovrebbero rallegrarsi non soltanto dei grandi principi morali come quelli riflessi nei Dieci Comandamenti, ma anche dei principi del diritto secolare quali l'imparzialità del giudice, il giudizio di costituzionalità sulle norme in vigore, il risarcimento del danno causato con colpa, la presunzione di innocenza, il diritto in caso di arresto da parte delle forze dell'ordine al vaglio da parte di un magistrato della legittimità della detenzione, l'interpretazione dei contratti secondo la volontà delle parti, il principio di eguaglianza e la sua applicazione a prescindere dalla razza e dal credo, il concetto di buona fede, ma anche dei tanti altri istituti, prassi, diritti, regole, concetti e valori. Non ne va soltanto delle politiche del diritto e della loro utilità, ma di quell'ordine morale dell'universo quale è stato fatto oggetto dell'esperienza storica e culturale da cui ha tratto origine tutto ciò. Almeno per quanto riguarda la tradizione giuridica americana, infatti, ognuno di questi principi ha natura biblica, nella sua giustificazione se non addirittura nella sua origine. Per noi, in quanto popolo nella storia, essi manifestano il disegno di Dio.

La crisi della religione nell'America di oggi non deriva – come accadde invece al tempo di Lutero – dall'eccessiva giuridicizzazione; al contrario, il sintomo principale, se non addirittura il motivo principale, dell'impotenza del cristianesimo oggi, va rintracciato nel declino della auto-identificazione istituzionale della religione e delle sue forme di espressione nella società; in sintesi, nella debolezza delle chiese come comunità formali. La religione in America va diventando l'affare privato di individui in cerca di alternative al peso della solitudine, una sorta di culto personale della pace di mente. Dopo aver passato qualche tempo negli Stati Uniti il teologo tedesco Jürgen Moltmann ha notato come il cristianesimo sembri alimentare una esistenza personale privatizzata e come così facendo non gli resti altro da dire che non ciò che il mondo vuol sentire.[11] E infatti, sebbene il sentimento religioso sembri diffondersi, molte delle nostre strutture religiose sono ormai al collasso. In tali circostanze il cristianesimo senza religione non fa che accentuare il pericolo di nuove religioni senza cristianesimo, di fedi politiche e sociali che, con le parole profetiche di William Butler Yeats, sono prive di una qualunque convinzione o, il che è persino peggio, sono piene soltanto di appassionata intensità [l'autore si riferisce alla poesia *The second coming*, pubblicata nel 1921 in *Michael Robartes and the Dancer*. NdT].

Diritto e grazia

Il terzo contrasto, quello tra diritto e grazia, si basa sul contrasto tra diritto e amore e tra diritto e fede, ma va oltre. Si legge nel Vangelo di Giovanni: «perché la legge fu data per mezzo di Mosè, la grazia e la verità vennero per mezzo di Gesù Cristo» (Giovanni 1:17). Ciò presuppone la fede in Gesù Cristo quale suprema rivelazione di Dio e la resa totale a lui al di là di quanto richiesto dalla legge morale, ma presuppone anche l'amore che nella libertà e senza la coercizione della legge morale spinge a compiere gli atti che Dio desidera. Gesù ha insegnato che le chiavi del regno di Dio stanno in quella fede e in quell'amore. Tutto ciò, però, non è ancora la grazia. Secondo l'insegnamento cristiano, la grazia è un dono di Dio alla comunità dei seguaci del Cristo risorto, i quali attraverso una vita cristiana di fede e di amore sono entrati nel regno di Dio. La chiesa è infatti la comunione dei santi che vivono la vita cristiana e che attendono impazienti l'imminente ritorno di Cristo alla fine del mondo. Fu questo, in particolare, il messaggio di San Paolo, il quale insegnò che la chiesa vive alla fine dei tempi in un'era di grazia. Il problema è che, per alcuni teologi, ciò significa che la chiesa dovrebbe vivere senza diritto.

Parliamo in proposito di una «teologia della speranza» in quanto fondata sull'attesa della prossima manifestazione della presenza di Dio che, si sostiene, libererà la chiesa da ogni scopo profano, da ogni potere, da ogni coercizione, da ogni attività secolare, da ogni affare e perciò da ogni diritto. Poiché vive in attesa dell'imminente ritorno del Messia, pensano alcuni, la chiesa dovrebbe vivere in spontaneità e libertà, senza l'imposizione di regole di condotta e senza processi giuridici.

Come negare la potenza spirituale di un tale antinomismo totalizzante? Dopo tutto con esso si proclama una comunità cristiana cosciente di sé e ben identificata che non dice ciò che il mondo vuol sentire, ma lo combatte con armi specificamente cristiane, ovvero non solo con la fede e l'amore, ma con la visione apocalittica della chiesa che vive una vita cristiana alla fine dei tempi. Nondimeno questa teologia riposa su due errori. Il primo consiste nella convinzione che la chiesa possa preservare la sua fede e il suo amore, e la sua vita cristiana, senza strutture di autorità e senza procedure e norme per risolvere i conflitti e incanalare la cooperazione, oltretutto in un mondo che preme sempre più perché la chiesa venga assorbita all'interno delle strutture, delle procedure e delle norme secolari. Il secondo errore, ancor più fondamentale, è la convinzione che la grazia escluda il diritto. In proposito San Paolo non è citato correttamente. Egli non contrappose la grazia alla legge in quanto tale, ma soltanto all'*imposizione* della legge attraverso le sanzioni. Per Paolo, quanto la legge mosaica impone, il cristiano lo farà liberamente, vivendo nella grazia gli ultimi giorni che precedono il ritorno del messia. Se non agisce così, dovrà chiedere perdono e il perdono gli verrà dato. In altre parole, per San Paolo la grazia implica non il rifiuto dei valori della legge mosaica, ma al contrario la loro interiorizzazione. «Così la legge [mosaica] è santa», scrive, «e santo e giusto e buono è il comandamento» (Romani 7:12). Sebbene Paolo riconosca un'altra, ancora superiore sfera della fede e della grazia, tuttavia la legge resta per lui parte essenziale del piano di Dio per la salvezza.

Allo stesso modo nel quarto Vangelo il contrasto tratteggiato tra la legge data da Mosè e la grazia e la verità venute con Gesù Cristo deve essere compreso, come ha mostrato C. H. Dodd, alla luce dell'ebraismo rabbinico e del suo insegnamento secondo il quale grazia e verità (*chesed v-emes*) sono l'essenza stessa della legge. Quello che Giovanni intende dire è che Mosè ha proclamato la legge, ma Gesù ne incarna l'essenza: «in lui lo spirito [della legge] si è fatto carne».[12]

Il concetto che la grazia escluda il diritto non regge all'analisi più di quanto non facciano i concetti della necessaria dissoluzione del diritto nell'amore o della sua irrilevanza in ragione della fede. In realtà tutti e tre i concetti sottovalutano l'origine divina di valori giuridici fondanti quali l'eguaglianza di trattamento, l'imparzialità del giudizio, la reciprocità delle obbligazioni, la responsabilità sociale e molti altri, valori che sono dati da Dio, che Gesù riassume nelle parole giustizia, misericordia, buona fede. Senza di essi, amore, fede e speranza restano privi di dimensione sociale; rimangono sospesi nell'aria.

Ciò detto, qui non si sottovaluta la tensione tra il diritto da una parte e l'amore, la fede e la grazia dall'altro. L'amore o la fede possono esigere che si violi la legge; la grazia opera al di fuori dell'ordine giuridico e può intervenire senza bisogno di alcun processo giuridico. Il diritto necessita di deliberazione, prende tempo; amore, fede e grazia, invece, possono essere spontanei e immediati. La religione, a differenza del diritto, si preoccupa dell'uomo nella sua interezza, ma l'interezza dell'uomo include la sua vita come membro delle comunità in cui trova. Certo, non si può trasporre tale e quale nella vita sociale e politica quanto la religione suggerisce per il raggiungimento della perfezione personale. È questo l'errore di chi negli anni Venti e Trenta ha predicato il «vangelo sociale». Però la reazione neo-ortodossa degli anni Trenta e Quaranta si è spesso resa colpevole dell'errore opposto. Benché non possa funzionare sulla base della moralità personale, la società non è per questo priva di morale, ma deve piuttosto basarsi sulla moralità sociale. Per l'appunto abbiamo qui sostenuto che la moralità personale, se vuole essere efficace nella società, ha bisogno della moralità sociale in cui è inclusa la moralità giuridica.

Diritto e cultura giovanile

Colpisce come l'antinomismo – l'antagonismo nei confronti del diritto – sia anche presente nella cosiddetta cultura giovanile dell'America di oggi. In parte all'interno del cristianesimo tradizionale, ma per lo più fuori di esso, viene proclamata una nuova «consapevolezza», una fede che sostituisce il diritto con l'amore e nutre la speranza apocalittica che grazie a ciò vi sarà una rivoluzione nello stile di vita degli individui e anche delle nazioni.[13] Nuovi modi di vestirsi, nuovi riti fatti di ballo, musica e droghe, una nuova letteratura e molti altri nuovi simboli sono stati adottati da centinaia di migliaia, forse da milioni di giovani americani desiderosi di rendere visibile il nuovo credo. Sono sotto attacco i valori tradizionali della classe media americana, cioè, con le parole di Charles Reich, «il potere, il successo, lo status, il riconoscimento, la popolarità, i risultati, l'eccellenza, la mentalità razionale e funzionale» Questi valori vengono visti come vuoti, tristi e fondamentalmente distruttivi. Sono i valori del legalismo. Quanti aderiscono ad essi, nota il professor Reich (egli stesso professore di diritto della proprietà), sono criticati perché «non vogliono aver nulla a che fare con paura, terrore, meraviglia, mistero, imprevisti, fallimento, impotenza, magia, senza l'esperienza dei quali il "sé" è alienato e impoverito».[14]

Ora, si può sostenere con tutto il cuore l'affermazione della spontaneità, della gioia, della bellezza, della scoperta di sé, dello stare insieme, dell'amore e tuttavia non rinunciare a porre la questione di come tutto ciò potrebbe esser realizzato – oltre che in pratica, realizzato nel senso di manifestato, incarnato, reso reale spiritualmente – senza strutture e processi, senza norme, senza un ordine sociale razionale e giusto, almeno tra coloro che abbracciano il credo rivoluzionario. E infatti le centinaia di comuni che sono fiorite, dove la nuova consapevolezza è vissuta nel modo più spettacolare, sono affondate più e più volte proprio per la mancanza di un senso del diritto. Vi si scopre che la fede, l'amore e la speranza non fanno crescere raccolti e non mungono mucche, né tantomeno conservano la pace nella comune, a meno che la fede, l'amore e la speranza non trovino espressione in regole e procedure per la divisione del lavoro, le responsabilità familiari, la condivisione della proprietà, l'istruzione dei membri e così via. Così fanno ritorno i valori della classe media e la «mentalità razionale e funzionale», anche se, si spera, in quanto non fini a se stessi, ma mezzi per realizzare la giustizia e l'amore, e, si spera ancora, in forme che esprimano gli obbiettivi più alti della comunità. L'errore sta infatti nel supporre che il diritto stia all'esterno dell'uomo, che non appartenga al suo intero essere, che sia estraneo all'amore, alla fede e alla grazia. È questo che conduce al legalismo da una parte e al sentimentalismo religioso dall'altra.

Come la Nuova Sinistra, il movimento pacifista, quello per la liberazione delle donne e altri simili movimenti sociali contemporanei, e al pari della democrazia, del socialismo e delle grandi ideologie e degli «ismi» dell'Occidente, anche la cultura giovanile proviene in fondo dal cristianesimo e non può sopravvivere se ne rifiuta le implicazioni fondamentali, una delle quali è l'affermazione del diritto come dimensione dell'universo e della vita spirituale dell'uomo.[15] Lo stesso vale, naturalmente, per le chiese stesse: non sopravviveranno senza strutture e processi istituzionali che comunichino efficacemente i valori cristiani. Non si tratta semplicemente di inventare una nuova liturgia; è piuttosto una questione di forme di vita comunitaria, di processi di auto-normazione della comunità, di diritti e doveri dei membri mentre interagiscono gli uni con gli altri nel perseguimento degli scopi comuni. Inoltre la comunità non può ignorare il diritto dell'intera società di cui è parte: deve interessarsi al diritto edilizio, al diritto sociale, al diritto di famiglia, alla politica sugli stupefacenti, al diritto penale, ai tribunali e a molti altri aspetti del diritto secolare; deve cercare di utilizzare il diritto per compiere la propria missione e deve lavorare alla riforma del diritto come parte della missione.

Che il diritto sia una dimensione dell'amore e della fede, e della stessa grazia, è un concetto base, ancorché negletto, dell'ebraismo e del cristianesimo. Entrambi proclamano che Dio è egli stesso legislatore e giudice, e ancor più che le sue leggi e i suoi giudizi sono una cosa splendida, una cosa grande e gioiosa, una benedizione per l'umanità. Troviamo espressione di tutto ciò nell'Antico come nel Nuovo Testamento. Così canta il salmista, con parole ancora oggi ripetute in ogni singola confessione della fede ebraica e della fede cristiana:

> I fiumi battano le mani,
> esultino insieme i monti
> davanti al Signore. Poiché egli viene a governare la terra;
> egli governerà il mondo con giustizia,
> e i popoli con rettitudine (Salmo 98: 8-9).

Nei salmi, alla rettitudine e alla giustizia di Dio corrisponde il suo amore incrollabile. Con Isaia, Dio invita a «cercare la giustizia, a rialzare l'oppresso», a rendere giustizia all'orfano, a difendere la causa della vedova (Isaia 1:17). Dio comanda perciò al suo popolo di giudicare rettamente. Leggiamo nel Deuteronomio: «Ascoltate le cause dei vostri fratelli, e giudicate con giustizia le questioni che uno può avere con il fratello o con lo straniero che abita da lui. Nei vostri giudizi non avrete riguardi personali; darete ascolto al piccolo come al grande; non temerete alcun uomo, poiché il giudizio appartiene a Dio» (Deuteronomio 1:16-17). I profeti insistono sul tema. Quando Dio giudica, non è per la morte, ma per la vita.[16] La loro visione messianica, come quella del salmista, è che Dio manderà un re che «sarà saggio ed eserciterà il diritto e la giustizia nel paese» (Geremia 23:5). Per Geremia, il giudizio di Dio, la sua legge, comporta la rigenerazione dell'intera società.[17] Per Michea, per Isaia, negli ultimi giorni, «da Gerusalemme [uscirà] la parola del Signore. Egli sarà giudice fra molti popoli (...) Dalle loro spade fabbricheranno vomeri» (Michea 4:3).

Naturalmente c'è poi un altro lato del giudizio di Dio nel quale si ricambia la malvagità con la sofferenza. I peccati devono essere puniti. Ciò, tuttavia, va visto come qualcosa di inevitabile piuttosto che come qualcosa di desiderabile; come un mezzo necessario per obliterare il male. «Il diritto deve mantenere ciò che promette».[18] Può sembrare strano, ma è il Nuovo Testamento, non l'Antico, ad introdurre il concetto di fuoco eterno.

Nel Nuovo Testamento l'autorità divina di giudicare è stata data a Cristo. La fine ora è a portata di mano. I seguaci di Cristo devono trattenersi da atti di retribuzione o condanna. «Non giudicate, affinché non siate giudicati» (Matteo 7:1). «Ma tu, perché giudichi tuo fratello? (...) perché disprezzi tuo fratello? Poiché tutti compariremo davanti al tribunale di Dio» (Romani 14:10). Allo stesso tempo, come abbiamo visto, Gesù ha attribuito un valore molto alto alla giustizia tra uomo e uomo, alla buona fede, all'obbedienza, alla responsabilità sociale, al principio per cui «tutte le cose (...) che voi volete che gli uomini vi facciano, fatele anche voi a loro» (Matteo 7:12). San Paolo disse che non soltanto la legge mosaica è sacra, ma che l'obbedienza a tutte le leggi giuste è richiesta in coscienza e che lo stato stesso «è un ministro di Dio per il tuo bene» (Romani 13:4) [nella lettera ai Romani la citazione si riferisce specificamente al «magistrato». Berman usa il termine «stato», estensibile a chi lo stato rappresenta. NdT].

Ci si può chiedere cosa questi inni di lode al diritto abbiano a che fare con le leggi del Commonwealth of Massachusetts o con le prescrizioni dello *United States Code* o con le tante norme e i tanti concetti insegnati nelle nostre scuole di giurisprudenza nei corsi di responsabilità civile, contratti, proprietà, società, tributi, antitrust e simili, o con il processo dei Chicago Seven, o con la condanna alla reclusione per cinque anni di chi fuma marijuana o di chi viola il *Selective Service Act*, o con le leggi discriminatorie verso i poveri, le minoranze razziali, le donne. Il cristianesimo insegna forse che tutto questo diritto è sacro, che è parte del piano di Dio per la salvezza dell'uomo, che incarna i valori religiosi? Domande analoghe possono esser formulate circa la fede, la speranza e l'amore per come essi esistono nella realtà delle vite degli uomini, con migliaia di diverse serie di valori e modi di vivere, giusti e ingiusti, gentili e crudeli, superstiziosi e razionali. È un uomo che compie il Vangelo quello che ordina il bombardamento di civili in Vietnam o a Dresda? È piuttosto facile rispondere di no; ovviamente non lo è. Nemmeno lo è, tuttavia, colui che vota demagogicamente in favore di espropri a vantaggio dei poveri per il suo proprio interesse. È chiaro che la moralità sta nel fare la cosa giusta per la giusta ragione, non la cosa sbagliata per la ragione giusta o la cosa giusta per la ragione sbagliata.

Tali consigli di perfezione non riescono a rispondere alle domande che ci stiamo ponendo: primo, se la giustizia umana, che è generalmente macchiata d'ingiustizia, possa aprirsi all'ispirazione di valori tenuti per sacri; secondo, come la fede, la speranza e l'amore umani, che sono generalmente macchiati di disillusione, disperazione e apatia, possano essere resi manifesti nelle istituzioni sociali che, con le parole di San Paolo, esistono per servire Dio a nostro beneficio.

La prima delle due domande è stata il tema del primo e del secondo capitolo. La seconda è stata il tema di questo terzo capitolo, nel quale si è sostenuto che il pensiero religioso contemporaneo deve incorporare la dimensione del diritto nella sua concezione del sacro e che l'esperienza religiosa contemporanea deve incarnarsi in strutture e processi giuridici tanto all'interno delle comunità religiose quanto nella società allargata di cui quelle comunità fanno parte. È necessario, tutto ciò, se si vuole ripristinare la vitalità della religione in America e nel mondo.

IV.
OLTRE IL DIRITTO, OLTRE LA RELIGIONE

Nella celebre *Leggenda del Santo Inquisitore* di Dostoevskij, Gesù Cristo ritorna nella Spagna del sedicesimo secolo dove viene riconosciuto dal Grande Inquisitore. Costui gli rimprovera di aver rifiutato il potere economico, politico e ideologico offertogli dal demonio. «Invece della legge severa d'un tempo», dice il Grande Inquisitore a Gesù, «d'ora in avanti l'uomo avrebbe dovuto decidere con cuore libero cos'era bene e cosa male, e con la tua immagine come unica guida dinanzi a sé». Ma l'uomo non può vivere senza pane, senza governanti e senza il miracolo, il mistero e l'autorità; per questo la chiesa, dice ancora il Grande Inquisitore, per il bene dell'uomo «ha corretto l'opera tua» [nell'originale, invece, non è la chiesa il soggetto, ma come fa notare Claudia Zonghetti, «noi», in senso personificato e non astratto: così l'originale nella sua traduzione: «Abbiamo corretto l'opera tua». NdT].

Questa storia viene di solito fraintesa, forse perché letta fuori dal suo contesto, come se riguardasse la concezione di Cristo dello stesso Dostoevskij e la convinzione dello scrittore che Gesù sia stato tradito dalla religione organizzata. Bisogna allora ricordare che Dostoevskij mette questa «poesia in prosa» nella bocca di Ivan Karamazov, il razionalista, l'occidentalizzato, che la recita al fratello Alëša con l'intento di fargli capire perché lui, Ivan, non può accettare un mondo in cui gli innocenti soffrono e perché dunque ha deciso di rendere a Dio il suo «biglietto di ingresso» nella vita. Nel romanzo Alëša rappresenta il misticismo e la compassione della Russia e rifiuta la leggenda. «Ma... è tutto assurdo!», dice. «È così che la vede la Chiesa ortodossa? È Roma, questa; anzi no, sbaglio, neanche tutta Roma: sono i peggiori fra i cattolici, sono gli inquisitori, i gesuiti». Alëša si rifiuta di accettare la teoria di Ivan secondo la quale esisterebbe una irriducibile antitesi tra libertà spirituale e amore pronto al sacrificio da una parte e dall'altra bisogni economici, politici e ideologici dell'uomo. Si rifiuta di credere che la verità di Cristo sia al di là della capacità dell'uomo di servire Dio o di rimproverargli l'ingiustizia e la sofferenza.

Tuttavia, Alëša non offre alcuna alternativa filosofica al dilemma di Ivan. Dostoevskij inizia invece un nuovo capitolo intitolato *Il monaco russo* nel quale un manoscritto redatto da Alëša stesso racconta la storia del suo mentore lo *starets* Zosima, passato in gioventù da un'esistenza frivola e malvagia a una vita di fraternità, servizio e preghiera. La risposta a Ivan è la vita reale di un monaco santo. Dostoevskij non appare però del tutto soddisfatto della soluzione. Il manoscritto di Alëša sullo *starets* Zosima è incompleto. Alëša vuol lasciare lo *starets* Zosima e «andarsene nel mondo». Furono però infruttuosi i tentativi di Dostoevskij di scrivere un seguito de *I fratelli Karamazov* in cui avrebbe voluto raccontare la storia di Alëša «nel mondo».[1]

Dostoevskij rifiutava il concetto occidentale del dualismo tra religione e diritto; invocava invece la spiritualizzazione del diritto o, come diceva, «la trasformazione dello stato nella chiesa»,[2] e cioè la conversione delle istituzioni economiche, politiche e sociali in una comunità universale, caratterizzata dalla libertà spirituale e da un amore pronto al sacrificio. Guardava in tal modo oltre l'era del razionalismo occidentale, verso un tempo in cui gli uomini non avrebbero più voluto accettare l'antitesi che contrappone lo spirituale al secolare, la fede e l'amore alla scienza e alla politica, la religione (o come viene ora spesso chiamata, l'ideologia) ai processi giuridici che ordinano la società. Quel tempo venne per la Russia una generazione dopo Dostoevskij, nel 1917, ma in modo esattamente opposto a ciò che lo scrittore aveva sperato. In modo ancora diverso quel tempo viene oggi in America. La separazione tra stato e chiesa nel senso in cui questa espressione è compresa nel diritto costituzionale americano sta facendosi infatti sempre più assoluta e ciò significa che lo stato stesso viene ad essere sempre più santificato dalla religione secolare dello stile di vita americano.[3]

L'era del dualismo tra le autorità spirituali e temporali è iniziata novecento anni fa in Europa. In quel tempo, nuovi e complessi sistemi giuridici furono edificati a partire dal recupero del diritto romano e nuovi e complessi sistemi teologici furono edificati a partire dal recupero della filosofia greca; dal canto suo, la Chiesa cattolica romana moderna venne a sua volta edificata in forma di ente visibile, organizzato, gerarchico, indipendente da qualsivoglia autorità secolare. Quell'era fu rinnovata quattrocentocinquanta anni dopo dalla riforma protestante e dall'ascesa, legata alla riforma, del sistema europeo di stati secolari. Essa fu successivamente trasformata dalla rivoluzione inglese del diciassettesimo secolo, dalle rivoluzioni americana e francese del tardo diciottesimo secolo e dalla rivoluzione russa del novembre 1917. A partire dalla riforma protestante, ciascuna delle grandi rivoluzioni europee – e in tal senso la Russia va collocata tra le nazioni europee – fu combattuta per trasferire allo stato una quota dell'autorità giuridica e ideologica detenuta dalla chiesa e per creare una nuova divisione tra religione e diritto.

Proprio questa era, dopo nove secoli di trasformazioni, ha conosciuto l'epilogo con le due guerre mondiali e la rivoluzione mondiale del ventesimo secolo. I catastrofici eventi del nostro tempo denunciano la bancarotta della tradizione, lunga novecento anni, di separazione radicale tra religione e diritto; denunciano altresì la manifesta incapacità di evitare da un lato il degradarsi all'interno dello stato-nazione della nostra vita sociale, economica e politica, e dall'altro la rottura delle relazioni internazionali e la minaccia di autodistruzione dell'umanità attraverso la guerra.

L'età della sintesi

Ciò che sta giungendo al termine non è soltanto una certa tradizione politica ed ecclesiastica, un certo tipo di diritto e un certo tipo di religione, ma anche un certo modo di pensare. Ciò che sta cominciando ad esistere non è soltanto una nuova concezione della sintesi dialettica tra diritto e religione, tra giustizia e grazia, ma una nuova concezione della sintesi in quanto tale, a partire dal ripudio del tradizionale assunto dualistico circa il modo in cui gli uomini si relazionano con la realtà. Tale assunto ha dominato non soltanto il pensiero giuridico e religioso occidentale degli ultimi nove secoli, ma anche altri ambiti del pensiero occidentale.

Il pensiero dualistico occidentale ha avuto il suo primo grande impulso nella teologia medievale e in particolare nel celebre slogan di Sant'Anselmo, formulato alla fine dell'undicesimo secolo, *credo ut intelligam*, «credo al fine di comprendere». La formula si rinnovò nella scienza moderna, specialmente nell'altrettanto celebre frase di Cartesio nel diciassettesimo secolo, *cogito ergo sum*, «penso, dunque sono». L'era lunga nove secoli che sta morendo è quella dell'«io comprendo», dell'«io penso», l'era dell'ego, dell'«io», in quanto mente collocata fuori dalla realtà oggettiva che essa percepisce. È l'era che ha trattato dapprima Dio stesso, poi la natura e infine la società come una realtà esterna percepita dalla mente che comprende, dalla mente che pensa. È l'era della separazione radicale del soggetto dall'oggetto, dell'essenza dall'esistenza, della persona dall'atto, dello spirituale dal secolare, della religione dal diritto. Il carattere dualista del pensiero occidentale della tradizione è penetrato in quasi ogni genere di analisi. Discutiamo ancora su quale venga prima, se l'intelletto o l'emozione, l'ideologia o il potere, l'individuo o la società. Nell'analisi giuridica stiamo superando molto lentamente il dualismo che contrappone la logica alla politica, un dualismo che fa ingiustizia ad entrambe. Per quanto si sia potuta infine riconoscere la possibilità teoretica che tali antitesi in fondo convivano armonicamente, resta la tradizione del nostro pensiero basato sulla loro irriconciliabilità.[4]

Negli ultimi 125 anni il marxismo ha significativamente consolidato la propensione al dualismo del pensiero occidentale, attraverso il postulato in forza del quale esiste una «struttura» materiale oggettiva – il modo di produzione economica – su cui si costruisce la «sovrastruttura» sociale e politica delle istituzioni e delle idee disegnate per proteggere la ricchezza e il potere delle classi dominanti. Secondo Marx le idee delle persone sono una ideologia, così la chiamava, e cioè un riflesso inconsapevole dei loro interessi materiali di classe. Solo il vero scienziato, pensava, può perforare il velo dell'ideologia e vedere le condizioni oggettive sottese ai miti e alle convenzioni circa il diritto, la religione e gli altri aspetti della sovrastruttura.

Qui si commette l'errore di base di supporre che le realtà sociali oggettive come «il modo di produzione» e le «relazioni di classe della produzione» esistano indipendentemente dai pensieri e dai sentimenti di coloro che partecipano di esse. Eppure una massa di acciaio e elettricità non diventa una macchina finché non è percepita come tale dagli uomini. Un muratore non è un proletario se pensa e agisce come un futuro commerciante. Inventiamo a fini diversi termini astratti come cibo e sesso, ma ciò con cui – o senza cui – viviamo sono realtà sociali come il pane e il matrimonio, che sono prodotti non soltanto della natura, ma anche delle idee e dei sentimenti. La storia degli ultimi cinquant'anni, in particolare, non può essere spiegata da una filosofia che tagli in due una realtà materiale obbiettiva considerata come primaria e una sfera soggettiva del pensiero e dell'emozione considerata come secondaria. Forse come mai prima l'uomo è fuggito davanti a ciò che si compiace di chiamare «il contesto» e ha sfidato i suoi propri «interessi materiali» con miti e illusioni.

La teoria marxista della realtà oggettiva, da ultimo, è tratta dal dualismo del pensiero tomista. Anche l'ateismo scientifico, come ha mostrato Leslie Dewart, è il diretto erede della teologia medievale occidentale che separa l'esistenza dall'essenza e pone così la questione dell'esistenza di Dio. Ma dire che Dio «esiste» significa parlarne come se fosse un essere contingente, un oggetto della percezione.[5] In realtà noi neghiamo Dio quando parliamo *di* lui come se non fosse presente.

Similmente, la teoria marxista classica del diritto come strumento del dominio di classe si basa sullo stesso presupposto metafisico della teoria scolastica del diritto naturale che il marxismo contesta; allo stesso modo di quella, vede il diritto come oggetto di percezione, come un prodotto staccato tanto dal suo produttore quanto dal suo consumatore, un corpo di regole che per le persone che le osservano esistono senza tempo. Si può concludere che ciò sia intrinsecamente naturale, come fece Tommaso d'Aquino, oppure come farebbe un marxista che ciò sia intrinsecamente arbitrario, ma in entrambi i casi si procede da quella che John Dewey molti anni fa ha chiamato la «teoria del pensiero spettatore» che immagina l'uomo esistere al di fuori dell'universo che osserva.

I presupposti metafisici che il marxismo condivide col pensiero occidentale della tradizione hanno ormai perso la loro vitalità non solo in Occidente, ma anche nel resto del mondo nel quale il marxismo è stato adottato come dogma ufficiale. Tanto nell'Unione Sovietica quanto in Cina si è soprattutto ricorsi al dualismo tra consapevolezza ed essere, sovrastruttura e struttura, mente e materia, soggetto e oggetto, per spiegare i fenomeni sociali nel mondo non socialista. Altrimenti, nei paesi socialisti come negli altri, l'accento è oggi posto sulla sintesi. Gli ideologi sovietici e cinesi annunciano infatti, come Dostoevskij, l'imminente trasformazione dello stato, non certo nella chiesa cristiana, ma nella comunione dei seguaci di Lenin, liberi, socialmente consapevoli e a lui devoti.

La sintesi, il superamento del dualismo, è dappertutto la chiave del nuovo modo di pensare che caratterizza l'era in cui stiamo entrando. Il pensiero disgiuntivo, «o questo o quello», cede il campo a quello congiuntivo, «questo e quello»: non il soggetto contro l'oggetto, ma l'interazione tra l'uno e l'altro; non la consapevolezza contro l'essere, ma i due insieme; non l'intelletto contro l'emozione, o la ragione contro la passione, ma l'uomo che nella sua interezza pensa e prova. La religione *con* il diritto, la fede *con* le opere, la persona *e* gli atti: il diritto dovrebbe giudicare gli atti, ma per appurare di che tipo di atti si è davvero trattato il giudice dovrebbe mettersi nei panni del loro autore. Il giusto è sacro, altrimenti non è giusto; il sacro è giusto, altrimenti non è sacro.

Per il diritto della nuova era, la sintesi implica che ci si sporga verso le altre discipline, le altre professioni e gli altri processi sociali, la sociologia, l'economia e le scienze politiche, la medicina e la gestione aziendale, la povertà, la razza e le relazioni internazionali, la letteratura, l'arte e la religione. Nelle scuole di giurisprudenza americane stiamo forse entrando nella nuova era, o almeno stiamo bussando alla sua porta, attraverso corsi di «diritto e»: diritto e medicina, diritto e sviluppo economico, diritto e relazioni razziali, diritto e psichiatria, e, speriamo, diritto e religione. Analogamente le barriere vengono abbattute per quanto riguarda la religione: la parrocchia può diventare il ghetto nero o gli hippy nella comune e le scuole di teologia stanno iniziando ad abbinare la religione ad altre discipline e processi sociali. Certo, i più bravi nell'insegnare e nel praticare il diritto e la religione hanno sempre concepito le loro discipline in termini ampi, quali interconnesse con altre discipline, altre professioni e altri processi sociali. La novità sta nel fatto che si venga ormai riconoscendo questa concezione come centrale per la comprensione di ogni disciplina e che si stia iniziando a sistematizzarla su larga scala.

L'espansione delle categorie delle discipline professionali e accademiche non potrà avere successo, tuttavia, se non vi sarà allo stesso tempo un'espansione del pensiero e del linguaggio, del discorso, che rende il pensiero ciò che è. Non basta che i tribunali amplino – come hanno fatto negli ultimi quarant'anni – lo spettro di considerazioni che rilevano ai fini della decisione del caso, così da interpretare il diritto alla luce del suo obbiettivo sociale, economico e politico, se allo stesso tempo continuano a contrapporre la politica alla logica e a trattare la prima come essenzialmente arbitraria e la seconda come essenzialmente meccanica. Un indirizzo politico illogico è altrettanto problematico quanto una scelta logica impolitica. C'è bisogno invece di una logica della politica dall'esito *al contempo* desiderabile nelle conseguenze *e* coerente, oggettivo ed imparziale. È decisamente possibile che si facciano le cosiddette «scelte politiche» sulla base dei cosiddetti «principi neutrali».[6] Tali «preferenze di principio», con l'espressione di David Cavers, distinguono l'arte di giudicare tanto dall'arbitrarietà quanto dall'automatismo. Allo stesso modo, non basta convocare i rappresentanti di diverse discipline e professioni. Ad esempio, non basta riunire politici, giuristi, economisti, sociologi, architetti e assistenti sociali per fare un buon piano di edilizia popolare, a meno che costoro non siano capaci di pensare e parlare in modi che li rendano capaci di cooperare, il che significa demolire il loro tradizionale modo dualista di pensare e parlare. Il giurista non può soltanto dire «mi spiace, ma non potete farlo perché una legge lo impedisce»; deve anche essere capace di spiegare la relazione che esiste tra la norma in questione e l'intera situazione, di cui non solo la norma, ma anche lui e loro sono parte. Se ci prova, potrebbe rendersi conto che l'ostacolo non è dopo tutto insuperabile. E qui, va precisato, non è questione di aggirare la norma, ma di ripensare la situazione.

Mettere il diritto in relazione con altri processi della vita comunitaria e con altri rami del sapere significa smettere di comprenderlo come oggetto di percezione e avviarsi a interpretarlo, invece, come impresa cui partecipa anche chi guarda. I giudici, ad esempio, non possono essere distaccati dai casi che giudicano nello stesso modo in cui un tecnico di laboratorio è distaccato dalle sostanze chimiche che adopera. È inevitabile che i giudici siano coinvolti come persone, non foss'altro perché le parti e i loro rappresentanti parlano loro. Ciò li rende simili – sebbene non interamente – a genitori che cerchino di risolvere una questione familiare. Però i giudici, a differenza dei genitori, hanno a che fare con il pubblico. Ora, riconoscere il coinvolgimento a vario titolo dei giudici con il caso è il presupposto per giungere a decisioni imparziali. Quando l'interprete del diritto vede la sua relazione con il diritto stesso in termini non di oggetto-soggetto, ma di sua propria partecipazione al processo giuridico, allora gli diventa più facile definire quanta libertà interpretativa gli è concessa. In proposito i tribunali americani hanno incontrato grandi difficoltà nell'affrontare il dilemma della creatività e della auto-limitazione nella funzione giudiziale. «Attivisti» e «conservatori» tendono entrambi a trattare le regole giuridiche come se avessero una esistenza indipendente, oggettiva. Gli attivisti manipolano le norme per conseguire il risultato sociale che desiderano, mentre i conservatori seguono le norme, ma entrambe le categorie mancano di riconoscere che il giudicare è un processo dinamico nel quale il giudice, per citare Zechariah Chafee, fa le regole mentre le trova e trova le regole mentre le fa.[7]

Quanto circa il significato della sintesi vale per il diritto, vale anche per la religione. Qui la nuova età si esprime mediante l'espansione dei legami tra le discipline teologiche tradizionali e le scienze sociali, tra il clero e le altre professioni, tra le chiese e le altre organizzazioni. Passi importanti si sono fatti per aprire a relazioni comunitarie tra loro le varie confessioni della chiesa cristiana e più in generale le maggiori religioni del mondo. Tutto ciò ha contribuito a formare un nuovo tipo di pensiero teologico. Pare esserci meno orgoglio di un tempo nel rinvenire formule teologiche che dimostrano la capacità della mente di percepire l'oggetto esterno della sua ricerca. È molto maggiore, di converso, la preoccupazione per il contesto sociale in cui si incarna la dottrina religiosa e per la relazione con la comunità ecclesiastica, ma anche politica, cui la dottrina stessa dovrebbe applicarsi.

Morte e rigenerazione

La nuova era è un'era di sintesi, ma la sintesi da sola non ci porterà nella nuova era: è necessario credere in essa, entrarci, rinnovarsi.

Ciò significa non soltanto rinnovamento personale, ma anche e soprattutto rinnovamento sociale, rigenerazione della società. Significa altresì qualcosa di più di un generico cambiamento. Il rinnovamento e la rigenerazione sono infatti un tipo speciale di cambiamento cui sempre si accompagna un tipo speciale di atteggiamento, di orientamento, in particolare nei confronti del tempo e della storia.

La nostra concezione moderna del tempo riposa sui fondamenti religiosi dell'ebraismo e del cristianesimo. Diversamente dagli altri antichi popoli indo-europei, la cui concezione del tempo era ciclica e a-storica, il popolo ebreo sviluppò una concezione in cui il tempo è continuo, irreversibile, storico e conduce infine alla redenzione ultima. Il tempo ebraico-cristiano, però, è anche composto da periodi. Non è ciclico, ma può essere interrotto o accelerato. Si sviluppa. Poi il cristianesimo ha aggiunto il concetto nuovo di trasformazione. L'Antico Testamento è stato trasformato nel Nuovo. Cristo ha trasformato la morte in un nuovo inizio. La redenzione e la conversione non si limitano a interrompere la storia, ma la rinnovano, la rigenerano. «Ecco, io faccio nuove tutte le cose», ha detto Gesù. Ciò ha introdotto una nuova struttura della storia caratterizzata dalla periodicità e cioè dalla trasformazione di un'età in un'altra.[8]

Il concetto cristiano di rinnovamento si fonda sulla convinzione che la fine del mondo è vicina. Con Norman O. Brown, «non si tratta di un intervallo temporale lungo o corto, ma di una svolta visionaria». Sempre con Brown: «Il senso cristiano della storia è il senso di vivere negli ultimi giorni. Figlioli, è arrivata l'ultima ora. L'intera era cristiana è negli ultimi giorni». E ancora: «La preghiera cristiana è per la fine del mondo: perché possa giungere in fretta. L'obbiettivo è portare questo mondo alla fine; la questione è come. Un errore in proposito può costare molto caro».[9]

Eugen Rosenstock-Huessy ha mostrato quanto la credenza nella fine del tempo, nella fine del mondo, nel giudizio finale, abbia influenzato le grandi rivoluzioni della storia occidentale. Ciascuna rivoluzione ha tradotto l'esperienza della morte e della rigenerazione in un diverso concetto di nazione e di chiesa.[10] Quando l'escatologia cristiana è stata rifiutata dall'Illuminismo e dalla teologia liberale del tardo diciottesimo secolo e del diciannovesimo secolo, una escatologia secolare ha preso il suo posto. «Nessuno», scrive Rosenstock-Huessy, «può vivere senza la fede in una qualche vittoria finale. Così, dormiente la teologia, i laici si sono rivolti ad altre fonti delle Cose Ultime», come l'escatologia di Karl Marx e di Friederich Nietzsche.[11]

La convinzione che un nuovo periodo della storia sia possibile ed auspicabile, e il conseguente impegno per il suo avvento, sono la condizione perché esso possa effettivamente venire. Soltanto in un nuovo periodo della storia, in una nuova era, possono darsi il rinnovamento e la rigenerazione dell'intera società, della sua religione e del suo diritto.

La morte e la rigenerazione spirituale di una società, come di una persona, superano una drastica riforma delle idee e degli atti, e anche dell'ideologia e della politica. Vanno oltre i sistemi di credenza e i sistemi di ordine pubblico e di giustizia, oltre la religione e oltre il diritto. Una società che vive quell'esperienza riconosce che le condizioni della sua vita sono divenute intollerabili, accetta la bancarotta del suo passato, muore a se stessa; ma poi si risolleva al di sopra del passato, proclama un nuovo paradiso e una nuova terra, e prova a vivere le sue nuove convinzioni. Questa è in un certo senso una esperienza religiosa e anche una esperienza giuridica, che tuttavia non trae la sua origine primariamente dalla religione o dal diritto: piuttosto, è una esperienza che segue la negazione della vecchia religione e del vecchio diritto e precede la creazione della nuova religione e del nuovo diritto. È lo stesso genere di «risveglio» sperimentato dal Buddha, quando rompe col passato e si incammina verso il grande Oltre in cerca del Nirvana. È Cristo sulla croce che recita l'inizio del salmo 22, aperto dalla disperazione di chi si sente dimenticato da Dio e chiuso dalla visione messianica di un mondo redento. Non solo gli individui, ma anche le comunità e le società intere possono fare l'esperienza della disperazione e del risveglio, della morte e della risurrezione. Fu questa l'esperienza della chiesa in Occidente nel 1075 e nel 1517, di Inghilterra, Francia e Russia nel 1641, 1789 e 1917. Ciascuna di queste grandi rivoluzioni fu più che una riforma della vita politica e religiosa: non solo perché furono violente o perché mutarono la struttura del potere nella società, ma anche, e anzitutto, perché furono una esperienza psicologica collettiva di morte e rigenerazione.

Il mondo intero oggi sta attraversando una analoga rivoluzione. Stiamo facendo l'esperienza di una fine del tempo. Due guerre mondiali e la minaccia di una terza hanno messo in discussione la sopravvivenza fisica della razza umana. A un altro livello, l'uomo occidentale è giunto al termine di un'era: sa di non poter più dominare il mondo, interroga a fondo il suo passato ed è privo di ogni certezza circa il proprio futuro. A un altro livello ancora, all'interno della civiltà occidentale, ma anche di altre civiltà, le comunità vanno disintegrandosi a causa dei conflitti razziali e religiosi, tra generazioni e tra sessi, tra l'uomo e le macchine tecnologiche che l'uomo ha creato, e ancora a causa dei conflitti interiori di ciascuno. Ognuno di questi tipi di conflitti ha le sue proprie cause; ma dietro di essi sta una causa più profonda e cioè la perdita del senso della comunità, della capacità di fare comunità. Anche questa è una esperienza di morte.

Vi sono però, allo stesso tempo, anche segnali di rigenerazione. Uno di essi è l'emergere, graduale e sofferto, dell'umanità stessa in forma di comunità. Un altro è il diffondersi di comunità locali volontarie, di corta durata, ma capaci di sperimentare intensamente il rinnovamento.

La «comunificazione» dell'umanità

Per la prima volta nella storia, l'umanità è unita in senso pratico. È unita nella sua capacità di autodistruggersi. È unita dal sistema di comunicazioni che mette ogni parte del mondo in contatto quasi immediato con ogni altra. È unita dal carattere ormai mondiale della scienza e della tecnologia, del commercio, del sistema diplomatico. Condivide alcuni tratti di una cultura comune. Presenta l'abbozzo di un diritto comune.

L'idea di una umanità unita è tutt'altro che nuova, naturalmente. È implicita nella storia biblica della creazione e ha trovato la sua somma espressione nelle vite dei grandi profeti ebrei, in Gesù Cristo, morto per tutti gli uomini, in San Paolo, secondo il cui insegnamento Dio ha tratto dallo stesso sangue tutte le nazioni della terra, e nelle vite di grandi personalità come Buddha e Lao-Tze. La novità sta nel manifestarsi di questa idea in quelle istituzioni mondiali di natura politica, economica e culturale che stanno sorgendo gradualmente. Queste istituzioni si vengono forgiando nel mezzo di guerre che continuano ad essere, per lo più, internazionali nella forma, ma intestine nella sostanza. Si tratta cioè di guerre civili, di guerre rivoluzionarie, combattute all'interno di una comunità umanità intenta a munirsi da un lato di un comune processo attraverso cui stabilire l'ordine e la giustizia e dall'altro di un comune sistema di valori ultimi.

L'umanità si è già data, naturalmente, l'abbozzo di un diritto delle relazioni internazionali che include il diritto diplomatico, il diritto dei trattati, il diritto delle organizzazioni internazionali, il diritto internazionale del commercio e della finanza, il diritto dei conflitti di competenza e altri ambiti del diritto internazionale pubblico e privato. Derivato originariamente dalla tradizione giuridica occidentale, il diritto internazionale moderno si sta ora sviluppando grazie al contributo di tutti i paesi del mondo. È vero che gli stati sono pronti a violare il diritto internazionale quando lo ritengono nel loro preminente interesse. Va nondimeno riconosciuto che senza un comune linguaggio giuridico in qualsiasi momento durante gli ultimi venticinque anni le maggiori potenze si sarebbe potute trovare coinvolte in una guerra su ampia scala le une contro le altre. Ma soprattutto, il fatto che governi, gruppi e individui dai più diversi paesi del mondo comunichino gli uni con gli altri mediante il linguaggio giuridico internazionalmente accettato, che negozino, risolvano dispute e regolino congiuntamente i loro interessi, riflette senza ombra di dubbio una comune coscienza giuridica e al contempo rafforza, rinnova e aiuta a creare quella stessa coscienza.

Alla comunità umana, tuttavia, serve molto più diritto. Servono accordi per la riduzione degli armamenti. Serve la volontà da parte dei paesi più ricchi del mondo di finanziare, attraverso le Nazioni Unite, un significativo sviluppo economico dei paesi poveri. Serve la volontà delle maggiori potenze di sottoporre le proprie dispute a giudizi imparziali. Serve l'allargamento delle relazioni mediante trattati, specialmente di natura economica, tra i paesi dell'Europa occidentale e gli Stati Uniti da un lato e i paesi dell'Europa orientale e l'Unione Sovietica dall'altro. C'è poi ancora molto da fare affinché la Cina comunista divenga parte integrante della comunità giuridica internazionale. Queste e altre misure devono essere assunte per rafforzare il diritto internazionale, altrimenti la comunità umana si dissolverà nell'anarchia.

Se il diritto comune dell'umanità è appena abbozzato, la sua comune religione è praticamente inesistente. Anzi, è proprio nelle sue convinzioni fondamentali che l'umanità è più divisa. Certo, proprio come una religione o una ideologia comuni non garantiscono la pace, così le differenze religiose o ideologiche non producono necessariamente divisione, a condizione che vengano mantenuti un umanesimo di fondo e una base di tolleranza e di rispetto della legge. Tuttavia, l'assenza di un consenso religioso, razziale e culturale tra i popoli del mondo sovraccarica di un grande peso il ruolo unificatore del diritto. È quanto insegna l'esperienza degli Stati Uniti, dove per unirci, stante la nostra diversità religiosa, razziale e culturale, abbiamo dovuto contare sulla nostra fede nella Costituzione e nei tribunali.

Se guardiamo il mondo nel suo insieme, sembra evidente che l'umanismo, la buona volontà e il rispetto della legge non possono da soli prevalere sugli dei della Nazione, della Razza e della Classe. Almeno alcuni elementi di una comune religione universale sono indispensabili per imprimere all'umanità una direzione e per infonderle il coraggio di far fronte al futuro. Al mondo servono una radicale visione di un destino comune e una altrettanto comune convinzione che valga la pena per persone di diverse nazioni, razze e classi di fare il necessario sacrificio.

L'umanità vive dunque sul pianeta come i due uomini sotto l'albero che aspettano Godot nell'opera di Beckett: con tanti mezzi di comunicazione, ma poco da dirsi; con alcune regole da seguire, ma nessuna garanzia che saranno rispettate. Eppure si tratta dell'umanità, dell'uomo planetario, una nuova creatura. Se davvero verrà, il nuovo diritto di cui c'è bisogno sorgerà dalla ricostituzione di concetti e processi preesistenti, che «si universalizzeranno e si rafforzeranno fino a rinascere».[12] Se davvero verrà, la nuova religione scaturirà dai profeti, dai santi, dagli eroi della nuova era.

Comuni

Un secondo segnale della nuova era nella quale stiamo entrando è la diffusa creazione di comunità temporanee locali e volontarie, le comuni, diverse migliaia delle quali sono sorte in America nella sola seconda metà degli anni Sessanta. Quale che sarà il futuro di questo movimento, le cui radici affondano in un passato remoto,[13] esso è significativo perché mette in scena una qualità della vita del nostro tempo che è pervasiva: non solo nelle comuni, ma anche nell'esperienza sociale ordinaria, le persone cercano uno sbocco ai loro bisogni comunitari attraverso forme associative intense e di breve durata. La comune, pertanto, mette in scena per molti il modello degli altri gruppi faccia a faccia di cui sono membri, come il quartiere, la scuola, l'università, l'associazione politica, la comunità religiosa, il club, la fabbrica, l'ufficio e negli ultimi tempi il gruppo d'incontro, la marcia di protesta e altro.

In questi gruppi gli americani si trovano di passaggio, non foss'altro perché cambiano di residenza in media ogni cinque anni. Anche nella famiglia si sta sempre più di passaggio, del resto, vista la diffusione dei divorzi e la precoce uscita di casa dei figli. Questo peraltro non è un fenomeno unicamente americano, anche se l'America ne è l'esempio estremo. La disarticolazione della famiglia, la precarietà lavorativa e la pressione per la mobilità vanno diffondendosi nella maggior parte delle società industriali. Ovunque, un numero crescente di persone vive in un posto, lavora in un altro e passa il tempo libero in un altro ancora. Ovunque, un cambiamento sempre più rapido e incessante genera una crescente incapacità psicologica di assorbire e assimilare il mutamento. Si è giustamente parlato in proposito di «scontro futuro».

Le comuni rispondono a questa frammentazione dei tempi e degli spazi perché impongono un ordine non al caos della vita, ma ad una porzione di essa, temporaneamente, il che rende più accettabile il resto. Le comuni tentano di concentrare per un momento, in un singolo gruppo, l'insieme di questo mondo di passaggio. Chi ne fa parte, per lo più giovani, di norma non è a caccia di residui superstiti della tradizione, come invece fanno i genitori. In generale, invece, considera morto ciò che è vecchio e cerca la rigenerazione in una vita interamente nuova, la quale a sua volta, come la società cui appartiene, è di passaggio. Insomma il passaggio stesso è il capitale delle comuni. È l'intensità dell'esperienza della comune locale, abbinata alla sua temporaneità, alla libertà di unirsi ad essa o di lasciarla, a conferirle il suo potere rigenerativo.[14]

È questo, in un certo senso, un «nuovo tribalismo», «il villaggio globale» come suggerisce Marshall McLuhan. La vecchia tribù e il vecchio villaggio, però, erano permanenti; se ne faceva parte dalla nascita alla morte e di generazione in generazione. Nell'Europa di quindici secoli fa la chiesa combatté l'ideologia della tribù e del villaggio e riposizionò la stabilità in una sfera alternativa. Il monaco moriva al mondo, prendeva un nuovo nome, diventava una persona nuova; per sempre. Il matrimonio è – è stato – allo stesso modo un rinnovamento, una rinascita, in una vita nuova; anch'esso per sempre. Il concetto di «per sempre» fu anche tradotto nelle relazioni secolari. La relazione feudale tra signore e vassallo, quella della proprietà terriera moderna che rimaneva all'interno della stessa famiglia per generazioni e anche per secoli, quella dell'attività commerciale o della bottega artigiana destinata a passare di padre in figlio erano approssimazioni secolari dell'immortalità. Ma negli ultimi cinquant'anni, negli ultimi trenta, gran parte della nostra immortalità è scomparsa. Ora saliamo di corsa sulle nostre comunità.

In termini di diritto e religione, la situazione delle comuni è in forte contrasto con quella dell'umanità. L'umanità possiede un sistema giuridico elementare e religioni diverse. La comune, invece, possiede una religione elementare, ma è pressoché priva di un diritto comune. La religione della comune è di consueto espressa attraverso il suo senso di gioia, meraviglia, amore, bellezza, santità. La comune ha tuttavia bisogno anche di un qualche tipo di diritto consuetudinario informale per mantenere la pace tra i suoi membri, per operare efficacemente, ma anche per proteggersi dalle forze ostili che la minacciano dall'esterno. Ad esempio, i leader di certe comuni hanno adottato tutti gli altri membri in modo da farli risultare parte della «famiglia» ai fini del rispetto delle norme sui piani urbanistici locali. Naturalmente i membri portano con sé dal mondo esterno concetti quali la forza vincolante degli accordi, gli obblighi matrimoniali, la responsabilità per i figli, le attività di cura da prestare, la proprietà individuale e collettiva e altro. I membri immaginano anche di dover tornare al mondo di fuori ad un certo momento nel futuro. Tuttavia, molte comuni soffrono enormemente dell'assenza di norme e procedure per raggiungere accordi, risolvere conflitti e dare forma alla cooperazione.

L'esperienza rigenerativa della comune coincide con l'immersione totale nel gruppo dei suoi membri, almeno per un certo tempo. In questo modo si relazionano con la morte, la sofferenza, la guerra, l'oppressione, la nascita, l'amore, il servizio. Sentono che le tradizioni del passato si sono ormai esaurite, che la società è condannata e vogliono affermare che un rinnovamento è possibile. Molti parlerebbero in proposito di una esperienza religiosa, ma siamo oltre la religione come si intende abitualmente, cioè come sistema di credenze e di culto. Questa è l'esperienza di morte e di rinascita che può capitare a un uomo o a una comunità, indipendentemente dalla loro religione o ideologia, in un tempo di disillusione, disperazione, apatia.

Chi vive un'esperienza del genere ha qualcosa da dire al resto della società. Ha soprattutto qualcosa da dirci circa la rivitalizzazione delle comunità locali in cui viviamo: la famiglia, il quartiere, la scuola, l'università, la comunità religiosa, la fabbrica, l'ufficio. Da qui possiamo poi imparare qualcosa di importante circa la rivitalizzazione delle nostre città, della nazione, dell'umanità. In parte il messaggio riguarderà l'interazione tra diritto e religione; in parte riguarderà la sintesi e la rigenerazione.

Torniamo ora a Alëša «nel mondo» e domandiamoci: come è possibile tradurre esperienze interiori del sacro e della fede in strutture sociali, in processi di allocazione di diritti e doveri, e viceversa? Come è possibile interiorizzare l'ordine e la giustizia nella coscienza di ciascuno?

Ivan Karamazov sostiene che le istituzioni sociali, per loro stessa natura, devono sacrificare le persone alle statistiche, l'unico al generale; invece il cristianesimo, cui preme l'anima umana nella sua libertà, sacrifica il generale all'unico. Un tale dualismo è intollerabile per Ivan. Come si può, chiede, accettare un Dio che in nome della libertà spirituale permette agli uomini di praticare l'ingiustizia e la sofferenza, e addirittura di infliggere le peggiori crudeltà ai bambini? La risposta di Ivan è la restituzione a Dio del biglietto di ingresso nella vita. La risposta di Alëša è la santità dello *starets* Zosima, cioè il rifiuto della domanda posta in quei termini. Per lo *starets* Zosima, per la Chiesa ortodossa russa, l'unica speranza è la comunione dei santi, l'unione dei fedeli. In un mondo ostile, la chiesa deve accettare il ruolo di servo sofferente, disprezzato e scacciato, e deve testimoniare la verità con il culto, i sacramenti e una vita di umiltà e di amore cristiani.

Al cristianesimo occidentale, tanto cattolico che protestante, l'ortodossia orientale è parsa troppo mistica e orientata verso l'aldilà. In Occidente, la chiesa ha sempre ritenuto che uno dei compiti principali del cristianesimo fosse contribuire alla riforma delle istituzioni sociali, non soltanto con la preghiera o con l'esempio, ma con un attivismo che producesse misure sociali e politiche. Quando la religione organizzata in Occidente ha abdicato alla propria responsabilità sociale e politica, sono emerse organizzazioni secolari che hanno riversato lo zelo religioso in progetti di riforma del diritto.

Né il misticismo personale dell'Est né l'attivismo sociale dell'Ovest sembrano detenere le chiavi che aprono le porte all'interrelazione tra religione e diritto di cui ha bisogno il nostro tempo. Il primo è troppo vicino alla religiosità, il secondo al legalismo.

La speranza va riposta in una nuova era di sintesi. La speranza è che come popolo, come civiltà, come umanità, abbiamo la pazienza di sopportare la morte della vecchia era e al contempo sappiamo trovare l'ispirazione che ci spinga a rigenerarci.

POST-SCRIPTUM

Questo post-scriptum è per coloro che avrebbero voluto leggere di più nelle pagine che precedono circa la tensione esistente tra religione e diritto, perché preoccupati del rischio che celebrando il matrimonio tra i due si finisca per santificare l'uno e per pietrificare l'altra.

La tensione tra religione e diritto è particolarmente evidente in quelle culture orientali la cui religione è essenzialmente mistica e personale, e le cui strutture giuridiche ufficiali – forse proprio per quel carattere della loro religione – tendono ad essere eccessivamente formali e meccaniche. Tuttavia, anche nelle culture come quella ebraica e quella musulmana, la cui religione è essenzialmente giuridica e sociale, sono in tensione tra loro l'elemento profetico e quello sacerdotale, l'elemento mistico e quello razionale. E dopotutto, i paradossi della grazia e della giustizia hanno ossessionato il cristianesimo, combinazione profonda di mistica e diritto, forse più di ogni altra religione.

Nel pensiero occidentale contemporaneo quei paradossi sono stati ridotti a formule banali, largamente accettate come assiomatiche. Siamo abituati a dire che il diritto si occupa di casi standard, di categorie generali di persone, del «più gran bene per il più gran numero». La religione, dal canto suo, si occupa dell'unicità di ogni persona, del bisogno di parametri morali che trascendano l'utilità sociale, della necessità di capire il senso della vita e di affrontare la morte. Così concepiamo principalmente il diritto come una questione di azione sociale e la religione come una questione di psicologia personale relativa a «come l'individuo reagisce al fatto di esser solo», con l'espressione di Whitehead. Il diritto può dire «il tuo paese ha bisogno che tu combatta per lui»; la religione può dire «la mia fede me lo vieta». Il diritto può dire «è un reato togliere la vita ad un malato»; la religione può dire «davanti ad un caso unico non ci sono regole che tengano, va fatto ciò che esige l'amore».

Non si tratta soltanto di un conflitto tra legge e morale o tra società e coscienza. La tensione è molto più profonda. Essa contrappone da un lato la morale – sociale o personale – e dall'altro il senso dell'uomo per la meraviglia e la grazia, per il contatto con altri mondi, per l'appartenenza. Per quanto immensamente ambìte, la giustizia sociale, l'eguaglianza, la tutela dei diritti, ma anche l'onestà e la correttezza personale, e persino l'amore del prossimo, non apporteranno da sole il mistero, la bellezza, il senso dello scopo ultimo senza i quali la vita è più povera. Non è necessario essere radicali di sinistra per apprezzare la posizione di chi teme che le nuove strutture sociali introdotte dai rivoluzionari ortodossi che hanno preso il potere, per quanto più giuste delle strutture precedenti, finiscano comunque per perpetuare l'alienazione dell'uomo. Insomma, la religione sfida il diritto, più che sui doveri, sulle aspirazioni.

L'altro lato della tensione consiste nel bisogno di difendere il diritto dall'intromissione di considerazioni religiose irrilevanti o addirittura dannose. Del resto, per quant'altro esso possa essere, il diritto resta un sistema altamente complesso e articolato di processi e tecniche volti a produrre, interpretare e applicare regole. Non aiuta necessariamente il sistema, anzi può danneggiarlo significativamente, che ci si preoccupi di questioni personali di natura morale o addirittura spirituale. È vero che normalmente le politiche di cui il diritto è strumento, e i valori sottesi, dovrebbero essere in sintonia con le politiche e i valori proclamati dalla religione. La formula abituale, in proposito, è che il diritto riposa in fondo sulla morale, e la morale sulla religione.[1] Però i modi in cui il diritto adatta politiche e valori ai casi individuali devono anzitutto essere coerenti tra loro, perché è anzitutto la coerenza interna che testimonia quella generalità e quell'oggettività che sono le qualità fondamentali del diritto. Tali qualità rappresentano una sfida per i valori personali, morali e spirituali che associamo di norma alla religione. Si dovrebbe forse permettere al giudice di acquisire prove attestanti che l'attore è povero e il convenuto ricco in modo da favorire il primo perché così vorrebbe la religione? Dovrebbe forse un giudice rifiutarsi di pronunciare un divorzio perché la sua religione insegna che ciò che Dio ha unito nessun uomo può sciogliere? Il diritto sfida la religione sul terreno dell'eguaglianza e dell'imparzialità.

La tensione tra diritto e religione impedisce a ciascuno dei due di inghiottire l'altro. Grazie al fatto di essere esterna al diritto, la religione gli evita di farsi divinizzare. La religione profetica e sua figlia, l'ideologia profetica, rappresentano salvaguardie indispensabili contro il rischio di un cesaropapismo che esigerebbe non soltanto il rispetto dell'ordine giuridico esistente, ma anche il suo culto. Di converso, fattosi secolare ed essendosi ritratto dalla religione, il diritto la lascia libera di svilupparsi a suo modo; ciò le evita di cadere nel legalismo e in fondo di pietrificarsi. Finché la regolazione della vita sociale è attribuita allo stato e allo stato soltanto, la chiesa può evitare la tentazione di trasformarsi in organizzazione politica e allo stesso tempo le sue pratiche e il suo credo, giacché prive di istituzionalizzazione giuridica, corrono meno il pericolo di venire idolatrate.

Infine, la tensione tra religione e diritto è presupposta dalla nostra dottrina costituzionale della separazione tra chiesa e stato. Va riconosciuta in tale dottrina da un lato una pietra angolare della libertà religiosa delle minoranze e dall'altro un presidio fondamentale del potere politico della maggioranza.

Se dunque si afferma che vi sono dimensioni religiose del diritto e dimensioni giuridiche della religione e che i due non possono sopravvivere indipendentemente l'uno dall'altra, non si intende negare l'importanza che sia mantenuta la tensione tra religione e diritto. Anzi, tale tensione è anche vista come tensione all'interno, rispettivamente, della religione e del diritto, tra gli aspetti strutturali e gli aspetti spirituali. All'interno del diritto la tensione è tra giustizia e misericordia, tra la regola generale e la sua applicazione al caso eccezionale, ma anche tra l'aspetto razionale e utilitarista del diritto e i suoi aspetti più legati al mistero, quelli relativi al rito, alla tradizione, all'autorità e all'universalità. All'interno della religione, la tensione è tra le istituzioni ecclesiastiche e la libertà dello spirito di andare dove vuole, tra la religione organizzata e la predicazione della Parola.

Detto tutto ciò, si arriva tuttavia al punto in cui la tensione, per quanto necessaria e virtuosa, deve essere in qualche modo risolta o altrimenti ci distruggerà. È da quel punto che questo libro prende le mosse. Un sistema giuridico sano deve combinare la regola e la discrezione, il rigore giuridico e l'equità. Un sistema religioso sano deve combinare la funzione sacerdotale e quella profetica. Una società sana deve combinare un sano ordine giuridico e una sana fede religiosa. I vari elementi in opposizione devono trovare una sintesi.

L'unità dialettica tra diritto e religione come dimensioni dell'esperienza sociale non esclude la separazione tra specifiche istituzioni giuridiche e religiose. Richiede soltanto di riconoscere, in ultima istanza, la loro interazione. Al livello più alto, il giusto e il sacro non possono che essere una cosa sola, altrimenti non solo gli uomini tutti, ma l'intero universo e in fondo Dio stesso sono condannati a un'eterna schizofrenia. C'è bisogno di dirlo perché il senso comune ha separato questi due aspetti della vita fino a portarci sull'orlo del disastro. Solo dopo aver afferrato l'interdipendenza del diritto e della religione come dimensioni dell'esperienza opposte ma riconciliabili, siamo in grado di ricercare il delicato equilibrio tra l'aspetto secolare e quello sacro delle specifiche istituzioni sociali.

Di più, mentre si tenta di ripristinare l'adeguata relazione tra diritto e religione, importa riconoscere che la grave crisi cui deve far fronte l'uomo occidentale oggi – a differenza del passato – non consiste nel pericolo di santificare eccessivamente il diritto o di giuridicizzare eccessivamente la religione; non si tratta, in altre parole, di una crisi derivata dalla loro eccessiva integrazione, ma dalla loro eccessiva frammentazione. Per certo, negli Stati Uniti d'America siamo più minacciati dall'oltraggio al diritto che non dalla sua venerazione, dal sovrastante scetticismo sul futuro che non dall'abbraccio di una qualche grande escatologia totalitaria. In altri periodi della storia, e oggi in altre parti del mondo, è perfettamente giustificato enfatizzare la necessaria tensione tra religione e diritto, tra valori strutturali e spirituali. Specialmente dove uno stato cerca di imporre un particolare sistema di credenza al suo popolo, è importante opporsi a una tale usurpazione dell'autorità religiosa da parte dei leader politici e riaffermare il diritto innato degli individui e dei gruppi di sostenere i propri valori spirituali e i propri sistemi di credenza. Allo stesso modo, dove una chiesa tenti di imporre la propria visione politica ad una società, invocando la sanzione divina, è necessario opporsi a una tale usurpazione dell'autorità secolare da parte dei leader religiosi e riaffermare l'indipendenza dello stato. Il dualismo di chiesa e stato, spirituale e secolare, religione e diritto, ha senso quando si tratta di rispondere alla rivendicazione monista che debbano esistere uno stato totale o una chiesa totale. Negli Stati Uniti di oggi, però, come in maggior parte dei paesi dell'Europa occidentale, il pericolo principale non è quello di eccessive rivendicazioni spirituali da parte dei partiti politici o di eccessive rivendicazioni politiche da parte dei gruppi religiosi o quasi-religiosi. Siamo minacciati più dall'anarchia che dalla dittatura, più dalla decadenza e dall'apatia che dal fanatismo. In queste circostanze gli antichi dualismi devono passare in subordine rispetto a una più complessa unità, che persegua l'interazione tra gli aspetti secolare e spirituale della vita piuttosto che la loro compartimentalizzazione.

Il pericolo concreto di ogni teoria organica della società è che essa venga utilizzata irresponsabilmente per santificare o pietrificare le particolari leggi e le particolari ortodossie che esistono in un dato ordine sociale. Il pericolo è particolarmente acuto quando il diritto e la religione non includano al proprio interno principi di cambiamento. Il pericolo è molto meno acuto in una società come la nostra le cui tradizioni religiose sono fondate sul concetto stesso di cambiamento. Nella tradizione occidentale, infatti, è uno scopo fondamentale della religione quello di sfidare la legge a cambiare di continuo per essere più umana, e del diritto quello di sfidare la religione a cambiare di continuo per essere più responsabile socialmente. Una teoria organica della società non si riduce alla mera difesa dello status quo se la teoria stessa concepisce la società come un dinamico processo di sviluppo.

In America il carattere dinamico di entrambi il diritto e la religione, la capacità di ciascuno di cambiare, di svilupparsi e anche di morire e di rigenerarsi, rende possibile che si sostengano l'un l'altro senza calpestare i confini costituzionali che li separano. Le persone che hanno dato forma al Primo Emendamento della Costituzione avrebbero quasi certamente convenuto con l'idea di questo libro che il diritto – la Costituzione stessa – non potrebbe sopravvivere alla scomparsa della fede religiosa nel paese. Fu in parte per questa ragione, e non soltanto per proteggere le libertà civili, che vietarono la promulgazione di leggi che proibissero «il libero esercizio» della religione. Al contempo, li preoccupava la prospettiva che il governo preferisse certe credenze o pratiche religiose ad altre, o anche le credenze religiose alle credenze non religiose. Perciò, con la clausola che proibisce allo stato qualsivoglia «confessionalizzazione», vietarono aiuti governativi alla religione, non di ogni tipo, ma di natura tale da essere considerati in violazione del divieto di «confessionalizzazione». Nel corso dei decenni, e specialmente negli ultimi trent'anni, la Corte Suprema degli Stati Uniti ha dichiarato incostituzionali molte forme di aiuto governativo alla religione nell'applicazione della clausola che vieta la «confessionalizzazione». È chiaro, comunque, che il legislatore può prendere misure per proteggere il libero esercizio della religione senza che di per sé ciò configuri un caso di «confessionalizzazione». Ad esempio, può consentire che le organizzazioni religiose siano esentate dalle tasse o che le donazioni per scopi religiosi siano deducibili dall'imponibile. Può consentire che i cappellani siano incorporati nelle forze armate o può esentare dal servizio militare chi obbietti ad esso per motivi religiosi. Può fornire un certo sostegno indiretto alle scuole parrocchiali e può prevedere che le scuole pubbliche includano programmi di tempo libero o condiviso che consentano agli alunni di ricevere insegnamenti religiosi altrove; può anche non prevedere spazi per insegnamenti religiosi o non autorizzare la recita di preghiere come parte delle attività nelle scuole pubbliche, ma può organizzare insegnamenti sulla religione, come corsi di storia e filosofia delle religioni o di letteratura religiosa o altro. L'opinione per la quale il diritto ha bisogno dell'ispirazione della religione non implica che la responsabilità di incoraggiare alla religione debba transitare dalle persone – cui appartiene – al governo o al sistema giuridico; implica soltanto che il governo, attraverso il diritto, debba cooperare nei limiti dei suoi poteri costituzionali a garantire un ambiente in cui la religione possa fiorire.

Questo riguarderebbe tanto la falsa quanto la vera religione? Certo che sì. Anche le religioni secolari? E le religioni atee? Certamente. Giacché tutte pongono le questioni fondamentali, quelle che Dostoevskij chiamava «questioni maledette», che devono esser poste se la nostra società vuole trovare la sua integrità. Tutte, infatti, coltivano quella dimensione religiosa dell'esperienza sociale che assieme alla dimensione giuridica consente di integrare i tempi e gli spazi nei quali viviamo.

NOTE

Capitolo I

[1] L'espressione «crisi di integrità» è tratta dagli scritti di Eric Erikson. È meno nota dell'altra sua espressione «crisi di identità», forse perché quest'ultima si riferisce alla transizione dalla giovinezza all'età adulta, che è evidente e conosciuta, mentre la prima riguarda la «chiusura» dell'intero ciclo della vita, che è invece percepita in modo più nascosto e impacciato. Erikson parla in proposito della «disperazione implicita nella consapevolezza che una vita limitata sta avviandosi ad una cosciente conclusione». Erikson, *Insight and Responsibility* (New York, 1964), p. 134 [qui nella traduzione di Maria Luisa Falorni, in E.H. Erikson, *Introspezione e responsabilità*, Roma, Armando Editore, 1968, p. 136. NdT]. Egli descrive nei termini seguenti l'integrità necessaria per compensare una tale disperazione: «Essa corrisponde all'accresciuta certezza dell'Io di dirigersi verso l'ordine e la significatività; ad un affetto post-narcisistico non per l'Io individuale, ma per quello umano, inteso come esperienza di un ordine universale e di un significato spirituale degni di qualsiasi prezzo; all'accettazione del proprio ed irripetibile ciclo di vita come di qualcosa di necessario ed insostituibile, e quindi anche ad un nuovo e diverso modo di amare i propri genitori; essa corrisponde infine ad un senso di unisono con i costumi relativi ad epoche lontane ed a finalità diverse dalle proprie, quali si esprimono nei documenti che ne restano. Ma, sebbene consapevole della relatività di tutte le forme di vita, chi ha conquistata l'integrità dell'Io è pronto a difendere la dignità del proprio stile di vita contro qualsiasi minaccia fisica ed economica; egli sa infatti che la vita del singolo non è che il risultato della coincidenza fortuita di un ciclo vitale individuale con un particolare momento della storia, e che quindi le sorti della sua integrità sono legate a quella particolare forma storica di integrità alla quale egli partecipa. Questa ultima diviene il suo "patrimonio spirituale" (...) Una soluzione insomma di fronte alla quale la morte perde il suo aculeo». Erikson, *Childhood and Society* (2nd ed., New York, 1963), p. 268 [qui nella traduzione di Luigi Antonello Armando, in E.H. Erikson, *Infanzia e società*, Roma, Armando Editore, 1968, terza edizione, pp. 250-251. Luigi Antonello Armando traduce con «patrimonio spirituale» l'originale «*patrimony of his soul*». NdT]. Non è questo il luogo per sviluppare l'idea che società intere possano passare attraverso fasi di sviluppo analoghe a quelle del ciclo di vita di un individuo. Torneremo sul punto nel capitolo quarto.

[2] *Childhood and Society*, p. 268 [il passaggio è assente dalla traduzione italiana richiamata alla nota precedente. NdT].

[3] Cf. Eugen Rosenstock-Huessy, *Speech and Reality* (Norwich, Vt., 1970), pp. 12ss. Alcuni lettori avvertiranno a questo punto la necessità di una più precisa definizione di diritto e di religione. L'autore si appella alla loro pazienza. Troveranno nei quattro capitoli nel loro insieme una ricerca della corretta definizione dei due termini. Può comunque rivelarsi utile

fin d'ora, a completamento del paragrafo, sottolineare alcuni punti. Primo, qui il diritto è visto come un fenomeno non soltanto sociale, ma anche psicologico. Esso riguarda infatti tanto il sistema collettivo di regolazione di una società quanto il senso dell'ordine sociale, dei diritti e dei doveri, di ciò che è giusto, quale viene avvertito dagli individui che fanno parte della società. Secondo, la religione è vista come un fenomeno non soltanto psicologico, ma anche sociale, che oltre alle convinzioni personali degli individui riguarda la posizione collettiva di una società nei confronti dei valori trascendentali. Dunque, tanto il diritto quanto la religione devono essere visti come dimensioni della natura umana e delle relazioni sociali. Terzo, non ci si occupa della questione se la religione implichi necessariamente che si creda in una o più divinità. Invece consideriamo religione quelle serie di convinzioni e pratiche che tributano a persone, cose e forze – indipendentemente dalla loro qualificazione come divine – lo stesso tipo di devozione, o attribuiscono loro lo stesso tipo di poteri, di norma rivolti a Dio o agli dei nelle religioni teistiche convenzionali. Ad esempio, agli scolari sovietici si insegna a dire: «Lenin è vissuto. Lenin vive. Lenin vivrà». Qui si considera questa una espressione di fede religiosa anche se quegli stessi scolari vengono educati ad essere atei e anti-religiosi. L'affermazione che la religione «è fatta di persone che manifestano una preoccupazione collettiva per il senso e lo scopo ultimi della vita, [della] intuizione condivisa dei valori trascendentali e [dell'] impegno verso tutto ciò» non va intesa come una definizione esaustiva di religione, ma piuttosto come una indicazione degli aspetti centrali di essa. Vi sono altri aspetti, come ad esempio la vita interiore del mistico solitario, ma ritengo che anche questi aspetti dipendano in fondo dalla dimensione collettiva della fede. È poi possibile rinvenire un contrasto, una tensione, tra «ultimo» e «trascendente», tra «senso» e «valori» e tra «preoccupazione», «intuizione» e «impegno». Tuttavia, ai fini di questo libro, credo che questi termini vadano visti come complementari piuttosto che in contraddizione gli uni con gli altri. I lettori che vorranno approfondire ulteriormente la questione della definizione del concetto di religione, in particolare nella sua estensione, potranno riferirsi ai lavori recenti di Rem B. Edwards, *Reason and Religion: An Introduction to the Philosophy of Religion* (New York, 1972), Roland Robertson, *The Sociological Interpretation of Religion* (Oxford, 1970), and Peter L. Berger, *The Sacred Canopy: Elements of a Sociological Theory of Religion* (New York, 1967). Tra i tre, l'ultimo è il più vicino al mio modo di ragionare, specialmente perché evita la tendenza comune a tanti di ridurre la religione alla metafisica, alla morale o a entrambi. Si veda Geertz, "Religion: An Anthropological Study" in *Encyclopedia of the Social Sciences*, pp. 400, 406.

[4] Cf. Huston Smith, *The Religions of Man* (New York, 1958), pp. 90-92, dove il rito, la tradizione, l'autorità sono nella lista dei sei aspetti della religione che «compaiono con tale regolarità da suggerire che il bisogno di essi sia radicato nel modo stesso in cui l'uomo è fatto, al punto che nessuna religione che si proponga di parlare all'umanità può eluderli indefinitamente». Un quarto elemento nell'elenco di Smith è «il concetto della sovranità e della grazia di Dio». Al suo posto nel libro si trova il concetto di universalità, giacché si intende includere tra le religioni anche quelle fedi mondiali che si propongono di non riconoscere l'esistenza di Dio. Gli altri due aspetti che Smith riscontra in tutte le religioni del mondo sono la speculazione (nel senso dell'interrogazione metafisica) e il mistero (nel senso dell'occulto e dell'arcano).

Si veda anche Roscoe Pound, *Law and Religion* (Rice Institute Pamphlet, XXVII, April, 1940), dove le idee di autorità e universalità sono considerate come il contributo della religione al diritto. Tuttavia, Pound considera la religione come una delle fonti che competono per informare gli ideali di un dato sistema giuridico e non come una dimensione necessaria del diritto.

La maggior parte degli studi antropologici riguardanti la relazione del diritto con la religione nelle società primitive definiscono la religione in termini troppo ristretti ai nostri fini, giacché la riducono alla fede nel soprannaturale e nella magia.

[5] Si veda Max Weber, *On Law in Economy and Society*, Max Rheinstein, ed. (Cambridge, Mass., 1954), pp. 224-283. Un manuale contemporaneo di sociologia, molto usato e influenzato da Weber, pone in questi termini la questione del secolarismo e della razionalità: «L'uomo moderno si sente più libero che in passato di chiedere "ma quale bene ne traiamo?". Per usare le parole associate alla tendenza verso il *secolarismo*, il mondo è divenuto "disincantato", più "sensato", più "materialistico", meno "spirituale". Il secolarismo incoraggia la *razionalità* nell'organizzazione sociale. I modi in cui i gruppi agiscono sono consapevolmente disegnati e misurati in funzione dell'efficacia e dell'efficienza (...) Secolarismo e razionalità sono associati all'*impersonalità* nelle relazioni umane. L'indebolito senso dei legami e l'orientamento utilitarista rendono più facile trattare le persone come mezzi piuttosto che come fini». Leonard Broom and Philip Selznick, *Sociology: A Text with Adapted Readings* (4th ed., New York, 1968), pp. 47-48.

[6] Thomas M. Franck, *The Structure of Impartiality: Examining the Riddle of One Law in a Fragmented World* (New York, 1968), pp. 62, 68-69.

[7] Nei suoi studi pionieristici sullo sviluppo morale dei bambini, lo psicologo svizzero Jean Piaget ha mostrato l'importanza dei fattori cognitivi, visti in contrasto con quelli coercitivi. Cf. Piaget, *The Moral Judgment of the Child* (New York, 1932). Più recentemente Lawrence Kohlberg si è basato sull'opera di Piaget per dimostrare l'universalità di modi di pensiero sequenziale in materia di diritti, obbedienza e giustizia. Cf. L. Kohlberg and E. Turiel, eds., *Research in Moralization: The Cognitive-Developmental Approach* (New York, 1972). Si veda anche Derek Wright, *The Psychology of Moral Behavior* (Baltimore, 1971). Gli studi di psicologia interculturale di June L. Tapp, a loro volta influenzati dalle teorie di Piaget e di Kohlberg, sottolineano l'importanza dei fattori elencati nel testo – i legami, la credibilità, la correttezza e la fiducia – per lo sviluppo nel bambino dei principi necessari alla formazione del suo giudizio su ciò che è giusto e sbagliato e del perfezionamento del senso del diritto e della giustizia. Cf. June L. Tapp and F.J. Levine, "Persuasion to Virtue: A Preliminary Statement" *Law and Society Review* IV (1970), 565, 576-581; June L. Tapp, ed., "Socialization, the Law, and Society" *Journal of Social Issues* XXVII (1971). Nel suo saggio "Identity and the Life Cycle" *Psychological Issues* I (1959), Eric Erikson analizza l'importanza della fiducia e dei legami per lo sviluppo delle nozioni di diritto e di giustizia; anche i lavori posteriori di Erikson insistono su questi fattori. Cf. il suo *Insight and Responsibility* (New York, 1964).

[8] Si veda Harold J. Berman, *Justice in the U.S.S.R.: An Interpretation of Soviet Law* (2nd ed., Cambridge, Mass., 1963), pp. 46-65. All'inizio fece parte della teoria sovietica ufficiale la teoria che in una dittatura del proletariato il diritto sia un espediente temporaneo, di natura essenzialmente «borghese», necessario per conservare il potere dello stato nella transizione dal capitalismo al socialismo, ma destinato da ultimo a morire sotto il socialismo. Alla metà degli anni Trenta la teoria fu denunciata quale espressione di «nichilismo giuridico» e si proclamò che sotto il socialismo il diritto esprime la volontà del popolo nella sua interezza e come tale esige non soltanto l'obbedienza e il consenso della ragione, ma anche la lealtà e la fede. L'idea che il diritto socialista sia sacro non è stata contraddetta – nel pensiero di Stalin – dal ricorso al terrore contro i nemici (o meglio, contro i potenziali nemici); al contrario, fu proprio il carattere sacro del diritto sovietico a giustificare la repressione di coloro la cui lealtà, o la cui fede, venivano messe in discussione. Questo è naturalmente il grande rischio di ogni sistema sociale che sacralizza il diritto fino al punto di identificarlo pienamente con la religione o con una ideologia quasi-religiosa. Diremo di più su tale rischio nel prossimo capitolo. In questo la nostra attenzione è volta al rischio opposto, quello non della tirannide, ma dell'anarchia, rischio che sorge quando il diritto viene secolarizzato e divorzia completamente dalla religione o dalla ideologia.

[9] Franck, *The Structure of Impartiality*, p. 62.

[10] Si richiama l'episodio sulla base del ricordo che ne ha chi scrive, all'epoca studente del corso del professore e giudice Arnold. La medesima ambivalenza nei confronti del rito

e dei miti del diritto si trova nelle due maggiori opere di Arnold, *The Symbols of Government* (New York, 1935) and *Folklore of Capitalism* (New York, 1937).

11 Tra gli «stati d'animo morali» e i «sentimenti morali», John Rawls include, sulla base di Kant, colpa, vergogna, rimorso, indignazione, risentimento e simili; classifica poi amore, amicizia, fiducia e simili come «stati d'animo naturali» o «atteggiamenti naturali» [per questa ultima espressione, virgolette mancanti nell'originale. NdT]. Si veda Rawls, *A Theory of Justice* (Cambridge, Mass., 1971), pp. 479-490 [si utilizza la traduzione di Ugo Santini in J. Rawls, *Teoria della giustizia*, a cura di S. Maffettone, Milano, Feltrinelli, 1982, pp. 392-401. NdT]. Di certo gli stati d'animo morali non sono solo negativi, ma anche positivi, come l'innocenza, l'orgoglio, la soddisfazione, la gratitudine e altri. Vi sono anche stati d'animo di cooperazione, condivisione, solidarietà e reciprocità che devono essere classificati, almeno in parte, come morali. Oltre all'elenco kantiano o postkantiano di stati d'animo morali e naturali, esistono anche stati d'animo giuridici come quelli dati dalla titolarità o dalla violazione dei diritti, dall'obbligo giuridico, dal principio che casi simili debbano essere decisi in modo simile, dalla soddisfazione per una udienza giusta e da altri casi. Un pioniere nello studio di questo tipo di emozioni giuridiche è stato il giurista prerivoluzionario russo-polacco Leon Petrazhitsky; si veda *Law and Morality: Leon Petrazycki*, trans. Hugh W. Babb, con una introduzione di Nicholas S. Timasheff (Cambridge, Mass., 1955) [conformemente alla traduzione utilizzata per l'opera di Rawls citata, si traduce «*legal feelings*» con «stati d'animo giuridici» e «*legal emotions*» con «emozioni giuridiche». NdT].

12 Esiste una fiorente letteratura sul ruolo della celebrazione e del gioco nella vita sociale in generale, ma molto poco, sorprendentemente, è stato scritto sul loro ruolo nel processo giuridico. Tuttavia il libro pionieristico di Johan Huizinga *Homo Ludens: A Study of the Play Element in Culture* (Boston, 1955) contiene un breve capitolo su «Gioco e diritto» che si occupa prevalentemente della contesa (*agon*) nelle procedure giudiziali del diritto arcaico. Huizinga scrive: «per la mentalità arcaica, chi vince è per ciò stesso dalla parte della verità e della ragione» (p. 81). L'ordalia, la scommessa, il voto e varie forme di *potlatch* sono tra gli esempi che Huizinga fornisce dell'elemento del gioco nel diritto. Egli scrive: «anche a Roma era per molto tempo ancora valido, nella procedura giuridica, ogni mezzo per atterrare l'avversario. Ci si vestiva in lutto, si sospirava e ci si lamentava, si faceva clamorosamente appello alla salute dello Stato, si portavano degli «assistenti» per fare più impressione, in breve, si faceva tutto ciò che ancor oggi si fa di tanto in tanto» (p. 87) [citazione nella traduzione italiana di Arrigo Vita da J. Huizinga, *Homo ludens*, Torino, Einaudi, 1982, p. 102; non si usa invece questa traduzione per la citazione precedente, in cui divergono considerevolmente l'edizione Einaudi e l'edizione inglese da cui cita Berman e a cui si è ritenuto di dover rimanere fedeli. NdT].

Nel suo *The Feast of Fools: A Theological Essay on Festivity and Fantasy* (Cambridge, Mass., 1969) Harvey Cox riafferma l'importanza della celebrazione nella vita sociale. Purtroppo il libro trascura la celebrazione giuridica, forse perché interessato in primo luogo a forme di celebrazione meno solenni e meno strutturate. Ad ogni modo, è facile esagerare la portata della distinzione tra il gioco spontaneo e allegro fatto di burle e scherzi e il gioco strutturato, la cui mancanza in Huizinga alcuni autori hanno rimproverato all'autore. Il punto cardinale è che il gioco, più o meno strutturato, vale in quanto tale, come un fine in sé.

Così come i filosofi del rito hanno scritto poco di diritto, i filosofi del diritto hanno scritto poco di rito, salvo, occasionalmente, per discuterne l'utilità o meno nell'economia dei fini di un sistema giuridico. Così Lon L. Fuller sottolinea la funzione comunicativa del rito nel segnalare e chiarire aspettative interazionali. Si veda Fuller, "Human Interaction and the Law" *The American Journal of Jurisprudence* XIV (1969), pp. 6ss. Da un altro punto di vista Charles Fried ha scritto di procedure giudiziali come messa in scena del principio di giustizia. In particolare, scrive Fried, la procedura penale «esprime la relazione di fiducia e rispetto verso l'accusato, verso la vittima e verso quanti potenzialmente partecipano al processo. Quando l'accusato viene presentato in qualità di eguale rispetto all'accusatore, la sua statura come membro della comunità viene affermata scenograficamente. Altrettanto avviene per l'impegno della comunità verso un principio di giustizia che viene celebrato quale superiore al vantaggio materiale della comunità stessa. In un certo senso, ogni azione razionale mette in scena il principio ad essa sotteso; ma la procedura ha una affinità particolare con la messa in scena e con il rito. La procedura giuridica può ben classificarsi in termini di rito morale o di rito della giustizia». Fried, *Anatomy of Values: Problems of Personal and Social Choice* (Cambridge, Mass., 1970), pp. 129-132. Si è qui prossimi ad affermare che il rito è una parte essenziale del diritto (o almeno della «procedura giuridica»), nel senso che esso è parte della realtà fondamentale del diritto e non mero mezzo rispetto ad altri fini giuridici. Il passaggio suggerisce altresì che la realtà fondamentale di qualsiasi azione giuridica (o razionale) va rinvenuta nel «principio sotteso» di cui l'azione è una (mera?) messa in scena. Nel testo si intende puntualizzare che principio e azione sono una cosa sola. All'opposto del pensiero platonico, affermiamo che l'intera espressione del diritto è in parte rito e che il senso del rito va a sua volta rinvenuto nel rito stesso, nel contesto in cui si dà, e non in una qualche idea o in un qualche principio preesistenti, di cui il rito sarebbe l'incarnazione.

13 Che il tempo stesso sia una categoria religiosa è stato dimostrato negli studi di Mircea Eliade sull'antitesi tra tempo arcaico – ciclico e a-storico perché basato su una religione della redenzione periodica – e il tempo ebraico-cristiano, progressivo (storico), continuo e irreversibile perché basato su una religione della redenzione ultima alla fine dei tempi. Cf. Eliade, *Cosmos and History: The Myth of the Eternal Return*, trans. Willard R. Trask (New York, 1959). Secondo Eliade (pp. 31-32), «è troppo noto, per insistervi ancora», che «la giustizia umana, che è fondata sull'idea di "legge", ha un modello celeste e trascendente nelle norme cosmiche (*tao*, *artha*, *rta*, *tzedek*, *themis*, ecc.)» [traduzione di Giovanni Cantoni dalla prima edizione francese del 1949 in M. Eliade, *Il mito dell'eterno ritorno (Archetipi e ripetizione)*, Roma, Borla, 1968 (ed. or. 1966), pp. 51-51. NdT]. Nelle società arcaiche o tradizionali, come le chiama Eliade, il diritto umano è visto come una ripetizione della giustizia divina o cosmica che fu data una volta in un tempo mitico e cioè nell'istante fuori del tempo dell'inizio, mentre nella rivelazione monoteistica dell'ebraismo Mosè ha ricevuto la legge in un certo luogo e in una certa data (cf. p. 105) e tale rivelazione si reintegra periodicamente nel tempo mediante l'interpretazione. Nel prossimo capitolo e nel capitolo IV considereremo l'effetto della concezione cristiana del tempo sulla nozione di continuità, o divenire, del diritto.

14 Cf. Søren Kierkegaard, *Fear and Trembling*, trans. Robert Payne (Oxford, 1939). Rudolf Otto, *The Idea of the Holy*, trans. John W. Harvey (New York, 1958).

15 Si veda il capitolo II di questo libro.

16 Reinhold Niebuhr, "Faith as the Sense of Meaning in Human Existence" *Christianity and Crisis* XXVI (June 13, 1966), p. 127.

17 Ne sono esempi recenti Lon L. Fuller, *The Morality of Law* (2nd ed., New Haven, Conn., 1963) and Charles Fried, *An Anatomy of Values*. In entrambi i libri si dà per scontato che il diritto debba essere giudicato unicamente sulla base del successo che ha avuto, o dell'eventuale insuccesso, nel promuovere i suoi propri fini e cioè l'ordine e la giustizia. Al contrario non vi è traccia in essi di un giudizio sulla base dell'intensità con cui il diritto esprime i valori che danno alla società il senso della sua identità e della sua missione. Nelle pagine conclusive di *The Morality of Law*, tuttavia, Fuller suggerisce che la morale insita nel diritto non può definire la comunità alla quale si applica un certo corpus giuridico e considera la comunicazione e il linguaggio come presupposti della morale giuridica. Ciò significa che la giustizia dipende da qualcosa che la travalica. Nel suo articolo "Two Principles of Human Association" *Nomos* XI (1969) Fuller conclude: «Potrebbe forse non esserci nella natura umana una fame profonda di vincoli d'unione con gli altri che sia più forte della fame di doveri giuridicamente definiti e dei loro corrispettivi? E potrebbe forse esserci, in corrispondenza del mondo da incubo di Orwell in 1984, dove il Grande Fratello ti sorveglia

per assicurarsi che tu creda bene e che tu pensi bene, un anti-incubo nel quale a nessuno importa ciò che pensi o credi (...)? Ha forse la frigida atmosfera giuridica dei nostri legami fondamentali condotto qualcuno di noi, in cerca di più ricchi vincoli d'unione con gli altri, a divenire Mod, Rocker o Hell's Angels, o a parlare sboccato? Sono domande difficili per le quali non esiste una unica grande risposta. Mi inquieta però constatare che ogni giorno, in una miriade di contesti diversi, stiamo reagendo attraverso piccole risposte. Non c'è dubbio che la maggior parte di queste piccole risposte sia corretta. Tuttavia il loro effetto d'insieme è di spingerci su una strada che non ci piace e che non avremmo imboccato se avessimo saputo dove ci avrebbe portato» (p. 21). Il passaggio sembra suggerire che la morale insita nel diritto dipende da un senso della comunità che trascende quella stessa moralità.

[18] Christopher Dawson, *Religion and Culture* (New York, 1948), pp. 154-155: «In Grecia la secolarizzazione del diritto fu come la secolarizzazione della filosofia. Con la razionalizzazione dell'uno e dell'altra la ragione stessa si trovò ad essere divinizzata e il legislatore e il filosofo non persero mai interamente la loro connotazione sacra e profetica».

[19] «Odia il peccato, ma ama il peccatore» è un principio fondamentale della tradizione religiosa occidentale in entrambe le sue dimensioni ebraica e cristiana. Purtroppo il principio è spesso violato, da un lato da parte di coloro la cui preoccupazione per il criminale pregiudica l'indignazione per il crimine e dall'altro da parte di coloro la cui indignazione per il crimine pregiudica la preoccupazione per il criminale.

La ragione principale per cui si sostiene che le sanzioni penali dovrebbero essere rimosse nel caso dei cosiddetti delitti senza vittima è che l'assenza di un ricorrente rende molto ardua la raccolta delle prove necessarie a una condanna. Da qui deriverebbero gli abusi delle forze di polizia nella ricerca delle prove e anche la corruzione della polizia stessa. L'altro ragionamento che spesso si fa è che questi delitti non dovrebbero essere perseguiti in quanto meri atti di immoralità personale. In questo caso si presuppone che essi non causino danno alla società. In linea di principio nessuna condotta dovrebbe essere perseguita a meno che essa non sia al contempo sbagliata (immorale) e dannosa alla società (anti-sociale). Oggi i pareri divergono circa gli aspetti morali e anti-sociali dell'omosessualità, ma nessuno potrebbe negare che gli altri delitti nell'elenco – l'ubriachezza, l'uso di stupefacenti, la prostituzione e il gioco d'azzardo – debbano essere soggetti a forme di controllo pubblico, il che significa inevitabilmente una qualche forma di sanzione penale in caso si sfugga a tale controllo.

Non dobbiamo mai dimenticare che i reati in questione costituiscono la gran parte di quelli commessi oggi negli Stati Uniti e sono anche alla radice del crimine organizzato e della corruzione della polizia. Essi sono però significativamente differenti dai «reati contro la persona» (omicidio, stupro, aggressione, percosse) e «contro il patrimonio» (furto, furto con scasso, appropriazione indebita). Reati come il gioco d'azzardo, la prostituzione o l'uso di stupefacenti non comportano di norma la volontà di fare del male o la consapevolezza del disvalore morale, ma piuttosto la sfida ai valori ortodossi della comunità. È per questa ragione che nell'approccio a tali violazioni è necessario coinvolgere un ampio cerchio di persone oltre alle forze di polizia. Fin qui, tuttavia, con l'eccezione dei lavoratori sociali del cui importante ruolo gli Stati Uniti sono i pionieri e lo straordinario esempio, è stato fatto poco per suscitare un tale coinvolgimento comunitario. Si tornerà su questo nel capitolo IV.

[20] Cf. M.L. Levine, G.C. McNamee, and D. Greenberg, eds., *The Tales of Hoffman* (New York, 1970), per un riassunto del processo ai Chicago Seven, con introduzione di Dwight Macdonald.

[21] Cf. Daniel Berrigan, *The Trial of the Catonsville Nine* (Boston, 1970).

[22] Max Weber, "Science as a Vocation" in H.H. Gerth and C. Wright Mills, trans. and eds., *From Max Weber: Essays in Sociology* (New York, 1958), pp. 155-156 [per questa citazione e per le seguenti si ricorre alla traduzione di Pietro Leandro Di Giorgi in M. Weber, *Scienza come vocazione e altri testi di etica e scienza sociale*, a cura di P.L. Di Giorgi, Milano, Franco-

Angeli, 1996, p. 72). Weber aggiunse: «Non avviene per caso (...) che oggi solo all'interno delle cerchie comunitarie più piccole, nel *pianissimo* del rapporto da uomo a uomo, palpiti un sentimento simile a quello che un tempo, come uno *pneuma* (1 Cor 14 [richiamo assente nel testo originale citato dall'autore. NdT]) profetico nel suo ardore impetuoso, percorreva le grosse comunità e le rinsaldava». Sebbene sembrasse disapprovare il prodursi di un tale disincantamento, Weber tuttavia rigettava ogni eventuale ruolo dell'intellettuale nel tentare di opporvisi se non quello di mantenere una «genuina onestà intellettuale» [«*plain intellectual integrity*» nel testo originale citato dall'autore. NdT] e di assolvere «il nostro "compito quotidiano"». Alla fine, Hitler prese il potere.

23 *Ibid.*

24 Cf. Robert N. Bellah, "Civil Religion in America" in William G. McLaughlin and Robert N. Bellah, eds. *Religion in America* (Boston, 1968). Bellah fa risalire l'idea di religione civile (l'espressione è di Rousseau) ai Padri Fondatori. Scrive che «dai primi anni della repubblica», abbiamo avuto, «una raccolta di convinzioni, simboli e riti riguardanti cose sacre e istituzionalizzate collettivamente. Questa religione – non sembra esserci altro termine per definirla – non era in antitesi con il cristianesimo e anzi aveva molto in comune con esso, senza essere perciò stesso confessionale o cristiana in senso proprio», anche se da principio la società stessa «era predominantemente cristiana» (p. 10). «Dietro la religione civile, in ogni sua parte, si trovano archetipi biblici: l'Esodo, il Popolo Eletto, la Terra Promessa, la Nuova Gerusalemme, il Sacrificio fino alla Morte e la Rinascita. Essa è però anche genuinamente americana e genuinamente nuova. Ha i suoi profeti e i suoi martiri, i suoi eventi e i suoi luoghi sacri, i suoi riti e i suoi simboli solenni. Ha a cuore che la società americana segua perfettamente la volontà di Dio quale gli uomini possono realizzarla e che rappresenti una luce per tutte le nazioni" (p. 20).

Capitolo II

1 Si veda Martin Buber, *Between Man and Man*, trans. R.G. Smith (Boston, 1955), p. 128.

2 Jose Ortega y Gasset, *Toward a Philosophy of History* (New York, 1941), p. 217.

3 Il credo nel socialismo, come il credo nella democrazia, ha certamente perso parte del suo fervore religioso nella seconda metà del ventesimo secolo, via via che è andato declinando il senso della sua missione apocalittica. La seguente storia raccontata da un osservatore americano dell'istruzione sovietica illustra come il socialismo rimanga tuttavia un «ismo», una questione di fede, non soltanto in Cina, ma anche nell'Unione Sovietica: «la figlia di 4 anni di un diplomatico asiatico [di stanza a Mosca] frequentava un asilo russo. Un giorno tornò a casa e fissò con insolita concentrazione una piccola statua del Buddha che si trovava nell'angolo del soggiorno. "Chi è Buddha?" [letteralmente «cosa significa Buddha?». NdT], chiese alla madre. "Buddha non è esattamente un dio", rispose la madre, "anche se somiglia a ciò che i tuoi amici di altri paesi chiamano Dio. Lo consideriamo il più sapiente degli insegnanti, qualcuno che ci ha mostrato come vivere". La bimba ribatté: "ma Lenin è il nostro solo Dio". Lo scambio illustra una importante differenza tra la propaganda patriottica diretta ai bambini nell'Unione Sovietica e gli analoghi sforzi negli Stati Uniti. I giovani americani a scuola imparano ad onorare George Washington e Abraham Lincoln. Dai giovani russi ci si attende che amino Lenin. In un senso molto concreto l'istruzione patriottica che i bambini ricevono negli asili sovietici può compararsi all'istruzione religiosa che si impartisce in altri paesi». Susan Jacoby, "Who Raises Russia's Children?" *The Saturday Review*, August 21, 1971, p. 53.

4 Si veda la nota 15 di questo capitolo e il testo che l'accompagna.

[5] Si veda il preambolo dell'Ecloga, una collezione di leggi promulgata dagli imperatori bizantini nel 740 dC circa). Edwin H. Freshfield, *A Manual of Roman Law, the Ecloga* (Cambridge, Mass. 1926). Il paragrafo d'apertura recita: «Una selezione di leggi organizzate in forma di compendio dai pii e saggi imperatori Leone e Costantino, tratte dalle Istituzioni, dal Digesto, dal Codice e dalle Novelle del grande Giustiniano e riviste per dar loro una maggiore umanità, promulgate nel mese di marzo, nona indizione nell'anno del mondo 6234».

Il testo prosegue: «Nel nome del Padre, del Figlio e dello Spirito Santo, Leone e Costantino fedeli imperatori dei romani.

Il Nostro Dio, padrone e artefice di tutte le cose, ha creato l'uomo, lo ha onorato del privilegio della libera volontà e gli ha dato una legge mediante le parole della profezia per aiutarlo e rendergli note tutte le cose da fare e da non fare così che egli scelga le prime quali strumenti di salvezza ed eviti le seconde quali cause di punizione.

E esortiamo e incitiamo quanti sono stati nominati per servire la legge di astenersi dalle umane passioni e di pronunciare sentenze di vera giustizia grazie ad una adeguata comprensione, senza disprezzare il povero o permettere al potente di restare impunito, e di non lucrare in realtà i vantaggi dell'ingiustizia e della cupidigia mentre in apparenza innalzano la giustizia e l'equità. Ma quando presentano loro una controversia due persone, delle quali una sia divenuta ricca e l'altra povera, decidano equamente e prendano dall'uno la somma ingiustamente sottratta all'altro. Perché vi sono quelli che non custodiscono la verità e la giustizia nei loro cuori, ma sono corrotti dalle ricchezze, disposti a favorire gli amici, pronti a vendicarsi di inimicizie personali, irrispettosi dell'ufficio che ricoprono, e dunque sono incapaci di rendere giustizia e di illustrarsi nelle loro vite come richiede il salmista: "Voi figli dell'uomo, parlate davvero rettamente, davvero giudicate con giustizia? Giacché sono malvagi i vostri cuori terreni, sono ingiuste le vostre mani" (Salmi 58:1-2).

Che pensino a queste cose, che riflettano su queste cose e che si rivolgano a queste cose coloro che sono scelti dalla nostra pia maestà per giudicare i fatti e che hanno ricevuto in mano le giuste bilance delle nostre auguste leggi. Il nostro Signore Gesù Cristo ha detto "non decidete secondo le apparenze, ma secondo un retto giudizio" (Giovanni 7:24), ovvero secondo un giudizio libero da ogni aspettativa di ricompensa. Poiché sta scritto: "Guai a coloro che giudicano non rettamente per lucrare una ricompensa, che ostacolano il cammino degli umili e privano il retto di quanto gli è dovuto; la loro radice e il loro fiore saranno ridotti in polvere perché non hanno voluto compiere la legge del Signore" (Amos 2:6, 7).

Doni e offerte accecano gli occhi del saggio. Perciò, volendo mettere fine a tali vergognosi guadagni, abbiamo decretato che si provveda dalle nostre pie finanze per l'illustrissimo questore, per i cancellieri, e per i funzionari responsabili dell'amministrazione giudiziaria, al fine che essi non ricevano nulla da chiunque sia, che possa trovarsi in giudizio al loro cospetto, così che non si compia nel nostro caso quanto detto dal profeta, "ha venduto la giustizia per l'argento" (Isaia 5:23), e possiamo non incorrere nell'ira di Dio per aver trasgredito ai suoi comandamenti».

[6] Tra gli esempi si considerino la *Lex Salica* del re franco Clodoveo (511 dC circa), le leggi del re anglosassone Etelberto (600 dC circa) e la *Russkaia Pravda* del principe di Kiev Jaroslav (1030 dC circa).

[7] La Pace di Dio (*pax Dei*, anche nota come *pax ecclesiae*, Pace della Chiesa), originata dai sinodi francesi del 990 dC, proibiva anche atti di guerra contro la proprietà ecclesiastica. La sua applicazione dipendeva dal vescovo o dal conte nelle cui terre avveniva la violazione ed era perciò molto relativa. La Tregua di Dio (*treuga Dei*) ha la sua origine in un sinodo del 1027. Ebbe più successo, specialmente nel dodicesimo secolo quando il combattimento, almeno in principio, venne vietato per almeno i tre quarti dell'anno.

[8] Pioniere dell'idea che la grande riforma voluta da papa Gregorio VII sia stata la prima delle grandi rivoluzioni della storia europea è stato Eugen Rosenstock-Huessy in *Die Europaeischen Revolutionen* (Jena, 1931). Si veda anche Eugen Rosenstock-Huessy, *Out of*

Revolution: The Autobiography of Western Man (New York, 1938), and *The Driving Power of Western Civilization: The Christian Revolution of the Middle Ages* (Boston, 1949). Qualche storico vede ancora Gregorio come un tradizionalista e persino come un reazionario. Praticamente nessuno, però, nega che fu durante il suo pontificato che la Chiesa cattolica romana prese la sua forma moderna come istituzione giuridica. Cf. Schafer Williams, ed., *The Gregorian Epoch: Reformation, Revolution, Reaction?* (Boston, 1964); Brian Tierney, *The Crisis of Church & State 1050-1300* (Englewood Cliffs, N.J., 1964). Con l'odierno movimento di riforma della Chiesa avviato da Giovanni XXIII un numero crescente di cattolici sostenitori di un cambiamento radicale come il tedesco [*sic* nell'originale invece di «svizzero». NdT] Hans Küng, i canadesi Leslie Dewart e Gregory Baum e altri, hanno considerato papa Gregorio VII come l'iniziatore di una nuova era nella storia della Chiesa, era di cui essi vedono ora giunta la fine. Cf. Küng, *The Church* (New York, 1967), pp. 10, 384, 445, dove si sostiene che l'idea della Chiesa come autorità imposta «dall'alto» rimonti a Gregorio VII e che al suo tempo si debba anche la costituzione del clero (*spirituales*) in corpo giuridico separato dal laicato (*carnales*). Dopo la riforma gregoriana, secondo Küng, la Chiesa fu «organizzata in termini strettamente giuridici e secondo un episcopato monarchico universale».

In un illuminante saggio di Yves Congar, O.P., intitolato "The Historical Development of Authority in the Church: Points for Christian Reflection" in John M. Todd, ed., *Problems of Authority: An Anglo-French Symposium* (London and Baltimore, 1962), pp. 119-155 si legge che «la riforma iniziata da San Leonc IX (1049-1054) e proseguita con gran vigore da San Gregorio VII rappresenta un tornante decisivo dal punto di vista della dottrina ecclesiastica in generale e della nozione di autorità in particolare». Congar sottolinea come la ricerca di testi giuridici a sostegno della posizione di Gregorio abbia segnato l'inizio della scienza del diritto canonico e come la mistica del programma di Gregorio risieda nell'aver tradotto la giustizia assoluta, cioè il diritto divino, in un sistema di diritto della chiesa al cuore del quale sta l'autorità del pontefice. «Chi obbedisce al rappresentante di Dio, obbedisce a Dio» (p. 139). La parola chiesa venne ad indicare «non tanto il corpo dei fedeli, quanto piuttosto il sistema, l'apparato» (p. 140). Dal tardo undicesimo secolo in avanti, afferma Congar, l'autorità ecclesiastica e in particolare la suprema autorità pontificia venne formulata con termini giuridici tratti dal vocabolario secolare. Fu allora, ad esempio, che il termine curia pontificia fu usato per la prima volta; fu cioè allora che la casa [così letteralmente l'autore, da intendersi nel senso di «sede». NdT] del papa fu concepita per la prima volta come un tribunale munito dell'autorità di riesaminare automaticamente le sentenze pronunciate dai tribunali dei vescovi.

9 Il testo del *Dictatus papae* di Gregorio VII del 1075 può trovarsi in Ernest F. Henderson, *Select Historical Documents of the Middle Ages* (New York, 1968), pp. 366-367, and in Frederic A. Ogg, *A Source Book of Medieval History* (New York, 1972), pp. 262-264. Il documento riflette la pretesa di supremazia del pontefice tanto nella sfera ecclesiastica quanto in quella secolare. Alcune rivendicazioni rispetto alla sfera temporale dovettero essere abbandonate, ma l'autocrazia papale nella chiesa è sopravvissuta fino a oggi. Tra le disposizioni più radicali del *Dictatus* vi erano le seguenti:

«Che solo il Pontefice romano (...) può deporre o riammettere i vescovi (...) che a lui è permesso di deporre gli imperatori (...) che a lui è permesso trasferire i vescovi da una sede all'altra secondo necessità (...) che possa ordinare un chierico di qualsiasi chiesa in qualsiasi territorio (...) che egli non possa essere giudicato da nessuno (...) che nessuno possa condannare chi si sia appellato alla Sede apostolica (...) che le cause maggiori di qualsiasi chiesa debbano essere portate davanti a lui (...) che la Chiesa romana non ha mai errato né mai errerà in eterno, secondo la testimonianza delle Scritture (...) che chi non è in accordo con la Chiesa romana non sia da considerare cattolico (...) che egli possa liberare i sudditi di principi iniqui dal giuramento di fedeltà» [testo inglese originale rivisto sulla base dell'originale latino, NdT].

[10] Si registra una considerevole discussione circa la proposta di rivedere il Codice di diritto canonico che nel 1917 ha sostituito le Decretali di Gregorio IX. Il Concilio vaticano secondo ha proposto che il codice venga interamente rivisto e una commissione è stata istituita a tal fine. Nella discussione relativa si è tra l'altro argomentato in favore di una totale eliminazione del diritto dalla vita della Chiesa. Cf. nota 1, capitolo III.

[11] Falsamente attribuito a Sant'Agostino, il passaggio origina dai penitenziali del decimo e dell'undicesimo secolo che furono il principale antecedente del moderno sistema di diritto canonico fondato nel dodicesimo secolo da Graziano. Il testo è il seguente: «Infatti giudicando un altro uno che deve essere giudicato, condanna se stesso. Dunque si conosca e purifichi in sé ciò che vede gli altri presentare a sé. Faccia attenzione a gettar via da sé qualunque cosa abbia biasimato dannoso in un altro. Rivolga la mente a ciò che è detto, "Chi è senza peccato, scagli per primo la pietra contro di lei" (Gv 8,7) (...) Infatti nessuno era senza peccato, per cui si comprende che tutti fossero rei di peccato. Infatti i peccati veniali venivano sempre rimessi attraverso il culto. Se dunque in quelli vi era peccato, era mortale...Stia attento il giudice spirituale, affinché come non ha commesso il peccato della nequizia, così non sia privo del dono della scienza. Occorre che sappia riconoscere cosa deve giudicare. Infatti il potere giudiziario richiede questo, che discerna quello che deve giudicare. Dunque il diligente investigatore, il sottile indagatore, chieda sapientemente e perfino con astuzia al peccatore ciò che forse ignora o vuole nascondere per vergogna (...) Scriviamo queste cose per te, che sei amante della verità e desiderosa di certezza, riguardo la vera penitenza, distinguendo la vera dalla falsa» "De Vera et Falsa Poenitentia" c. XX. Migne, *Patrologia Latina*, XL (1129-1130 [pseudo-Augustinian, circa 1050]) [qui nella traduzione di Alessandra Costanzo in A. Costanzo, *Il trattato "De vera et falsa poenitentia": verso una nuova Confessione. Guida alla lettura, testo e traduzione*, Studia Anselmiana 154, Roma 2011, pp. 286-289. La traduzione del testo si trova alle pp. 286-287 e 289. NdT].

Questo passaggio fu incorporato da Graziano nella sua *Concordanza dei canoni discordanti* ed esprime una idea che era sconosciuta al diritto romano classico come anche al precedente diritto della Chiesa. Esso marca la transizione dal pensiero liturgico e sacramentale a una scienza della giurisprudenza. Cf. Rudolph Sohm, *Das altkatholische Kirchenrecht und das Dekret Gratians* (Leipzig, 1918).

[12] Rudolph Sohm, *Weltliches und geistliches Recht* (Munich and Leipzig, 1914), p. 69.

[13] Gerrard Winstanley, *Platform of the Law of Freedom*: «Lo spirito della creazione nella sua interezza riguardava la riforma del mondo». Citato in Rosenstock-Huessy, *Out of Revolution*, p. 291. Cf. Thomas Case, sermone alla Camera dei Comuni nel 1641: «La riforma deve essere universale. Si riformino tutti i luoghi, le persone e le vocazioni; si riformino le corti e i magistrati inferiori (...) si riformino le università, le città e i paesi, si riformino le scuole inferiori, il sabato, i precetti, il culto divino. Sia estirpata ogni pianta che il padre celeste non ha piantato». Citato in Michael Walzer, *The Revolution of the Saints: A Study in the Origins of Radical Politics* (Cambridge, Mass., 1965), pp. 10-11. La Riforma del sedicesimo secolo fu concepita come una riforma della chiesa; un secolo dopo, i puritani ambirono, con le parole di Milton, «a riformare la riforma stessa», il che implicava, come spiega Walzer, un'attività politica radicale, ovvero il progresso politico come obbiettivo religioso (p. 12).

[14] Cf. A.D. Lindsay, *The Modern Democratic State* (New York, 1962), pp. 117-118; David Little, *Religion, Order, and Law: A Study in Pre-Revolutionary England* (New York, 1969), p. 230.

[15] Ciascuno degli imputati fu accusato di disobbedienza civile. Ciascuno di essi invocò a sua difesa la superiore legge della coscienza, nonché i principi giuridici fondamentali provenienti dal diritto inglese medievale, ad esempio dalla *Magna Carta*. Per i processi contro Penn e Hampden si veda *6 State Trials* 951 (1670) and *3 State Trials* 1(1627) (il caso dei cinque cavalieri). Un riassunto del processo contro Udall, con notizie circa i presupposti, può trovarsi in Daniel Neal, *The History of the Puritans* (Newburyport, Mass., 1816), pp. 492-

501. Il processo contro Lilburne è analizzato in Joseph Frank, *The Levellers: A History of the Writings of Three 17th Century Social Democrats: John Lilburne, Richard Overton, and William Walwyn* (Cambridge, 1965), pp. 16-18.

[16] Si tratta di un aspetto normalmente trascurato. In generale la teoria del contratto sociale è invece fatta risalire a filosofi del diciassettesimo secolo come John Locke e Thomas Hobbes. Già un secolo prima, tuttavia, Calvino aveva chiesto a tutti gli abitanti di Ginevra di accettare la confessione di fede, di prestare un giuramento di obbedienza ai Dieci Comandamenti e di giurare altresì la loro fedeltà alla città. Le persone furono convocate a gruppi dalla polizia perché aderissero al patto. Cf. J.T. McNeill, *The History and Character of Calvinism* (New York, 1957), p. 142.

[17] Cf. Roscoe Pound, *Jurisprudence*, III (St. Paul, Minn., 1959), pp. 8-15.

[18] Il *Codice morale del costruttore del comunismo* è parte del programma del Partito comunista dell'Unione Sovietica adottato nel 1961 dal ventiduesimo congresso del partito. Può trovarsi in Dan N. Jacobs, ed., *The New Communist Manifesto and Related Documents* (3rd rev. ed.; New York, 1965), p. 35.

[19] Si veda *The Laws and Liberties of Massachusetts* (Cambridge, Mass., 1929).

[20] Si veda Moltmann, *Religion, Revolution and the Future*, trans. Douglas Meeks (New York, 1969), pp. 113-117. Cf. Thomas Luckmann, *The Invisible Religion* (New York, 1967).

[21] L'espressione «cristianesimo senza religione» è del teologo tedesco Dietrich Bonhoeffer, il quale nelle sue lettere da una prigione nazista sviluppò l'idea che nella società contemporanea del ventesimo secolo le forme istituzionali della religione e le dottrine religiose convenzionali non sono più necessarie e anzi ostacolano una vita cristiana. Qui, tuttavia, si usa l'espressione in un senso un po' diverso per indicare l'indebolimento della dimensione sociale e storica del cristianesimo e la sua riduzione a fede privata.

Capitolo III

[1] Una distinzione radicale tra diritto e amore, nei termini del testo, si può trovare in Emil Brunner, *Justice and the Social Order* (New York, 1945), pp. 21ss. Reinhold Niebuhr ha criticato Brunner per la sua convinzione che «l'amore cristiano si riveli soltanto in relazioni che si limitino esclusivamente alla dimensione personale e intima». «Brunner commette un grave errore», scrive Niebuhr, «quando interpreta un atto di gentilezza personale come più "cristiano" del programma di rafforzamento del sistema giudiziario di uno statista (...) lo sforzo di limitare l'*agape* all'amore nelle relazioni personali e di sottrarre al suo ambito le strutture e le tecniche della giustizia finisce col rendere l'amore cristiano irrilevante rispetto ai problemi della vita normale delle persone». Reinhold Niebuhr, "Love and Law in Protestantism and Catholicism" *Journal of Religious Thought* IX (1952), pp. 95-111. Secondo Niebuhr, «la distinzione tra amore e diritto è meno assoluta e più dialettica di quanto non venga concepita nel pensiero cattolico o riformato». A suo avviso, la radice dell'errore sta non solo in una interpretazione sentimentalista dell'amore, ma anche in una interpretazione meccanicista del diritto. Pesa anche, come scrive, «un razionalismo stoico-aristotelico che si basa su strutture e norme storiche fisse in realtà inesistenti». Purtroppo lo stesso Niebuhr si è talvolta reso colpevole del medesimo errore che giustamente rimprovera a Brunner; cf. il suo famoso *Moral Man and Immoral Society* (New York, 1932).

La celebre frase di Sant'Agostino è fraintesa da quanti vi rinvengono la base su cui fondare un radicale contrasto tra norme etiche o giuridiche «astratte» e «concreti» atti di amore. Per Sant'Agostino l'amore per Dio è la prima virtù da cui derivano le altre, tra cui quella della giustizia. Così, chi davvero ama Dio vorrà agire con naturalezza secondo le regole prescritte da Dio. Si veda in proposito la lucida prospettazione di Edward LeRoy Long, Jr., *A Survey of Christian Ethics* (New York, 1967), pp. 129-131.

Tra gli studiosi cattolici contemporanei, John L. McKenzie, in *The Power and the Wisdom: An Interpretation of the New Testament* (Milwaukee, 1965), afferma che «la libertà cristiana annulla la legge» (p. 207). Robert Adolfs, in *The Church is Different* (New York, 1966), attacca il legalismo della Chiesa cattolica e afferma che «l'etica cristiana prescrive una cosa e una cosa soltanto, e cioè l'amore, e il solo male intrinseco è la mancanza d'amore» (p. 92). Jean Lacroix ha criticato questa tendenza del pensiero cattolico odierno: «il grande pericolo del nostro tempo, specialmente per i cristiani, è quello di un supernaturalismo disincarnato che è pronto a sacrificare il potere, che fraintende il ruolo della legge e secondo il quale tutti i problemi possono essere risolti mediante la testimonianza dell'amore». Citato in Frederick J. Crosson, "Liberty and Authority" in James E. Biechler, ed. *Law for Liberty: The Role of Law in the Church Today* (Baltimore, 1967), p. 155. Cf. nota 2 di seguito.

2 Il primo dei due comandamenti dell'amore si trova in Deuteronomio 6:5; il secondo è in Levitico 19:18. Sono riuniti insieme in Matteo 23:34-40.

Un diffuso malinteso vorrebbe che Dio fosse primariamente un Dio della giustizia secondo l'ebraismo e invece un Dio dell'amore per il cristianesimo. L'errore è confutato da quasi tutti i maggiori teologi cristiani ed ebrei. Una delle più spettacolari confutazioni nell'ebraismo è la spiegazione rabbinica della presenza nella Bibbia di due nomi di Dio: Adonai (Jehovah) ed Elohim. Adonai viene usato quando si parla di Dio come strettamente legato agli uomini e alle nazioni, mentre Elohim designa Dio quale creatore e governatore morale dell'universo. Così con Adonai si sottolinea l'amorevole gentilezza e misericordia di Dio, mentre con Elohim si enfatizza la sua giustizia e il suo governo. Il midrash racconta che Dio, al momento della creazione del mondo, si chiese se dovesse crearlo con la misericordia o con la giustizia: «Se creo il mondo soltanto con la misericordia, abbonderà il peccato; se lo creo soltanto con la giustizia, come potrà reggere? Allora lo creerò con entrambe». Perciò, nel primo capitolo della Genesi, dove si racconta la storia di come Dio creò il mondo nel suo insieme, viene usato il nome Elohim, giustizia, mentre nel secondo capitolo della Genesi, dove si racconta la storia dell'uomo, Adonai (Jehovah) è usato insieme ad Elohim. Ho un debito di gratitudine con Rabbi Edward Zerin che ha attirato la mia attenzione su questo commento per il quale si rinvia a J.H. Hertz, ed. *Chumash, The Soucino Edition of the Pentateuch and Haftorahs* (2nd ed., William Clowes and Sons, Ltd., London, n.d.), pp. 6-7.

3 Si veda Joseph Fletcher, *Situation Ethics* (Philadelphia, 1966); Paul L. Lehmann, *Ethics in a Christian Context* (New York, 1963). Cf. Long, *A Survey of Christian Ethics*, pp. 157ss; L. Harold DeWolf, *Responsible Freedom: Guidelines to Christian Action* (New York, 1971), pp. 28-30, 32-36, e specialmente 107-110, dove «l'amore nel senso più alto del Nuovo Testamento» è definito come «la ricerca attiva della *koinonia*», un «mondo profondamente comunitario» da cui emerge la chiesa come «comunità organica». DeWolf scrive: «l'idea di un singolo individuo (...) che ama altri individui mentre tutti rimangono "separati ma eguali" nell'individualità di ciascuno non compare mai nell'Antico e nel Nuovo Testamento». In quanto comunitario l'amore non può operare senza procedure ordinarie e senza le regole che da tali procedure vengono prodotte. Cf. Walter G. Muelder, *Foundations of the Responsible Society* (New York, 1959).

4 Nella prefazione al suo *Power to Dissolve: Lawyers and Marriages in the Courts of the Roman Curia* (Cambridge, Mass., 1972), pp. xii-xiii, John T. Noonan, Jr. riassume ammirabilmente il nodo della compatibilità tra diritto e amore: «In quasi ogni sistema contemporaneo, la compatibilità del diritto con l'amore rappresenta un problema; in un sistema cristiano, la questione è cruciale. I Vangeli insegnano d'autorità che è fondamentale amare Dio con il cuore, la mente e l'anima e amare il prossimo come se stesso. Si riconosceranno i discepoli di Gesù dalla loro capacità di amarsi gli uni gli altri come Egli li ha amati. Questi principi sono di difficile realizzazione in ogni caso, ma è ancor più difficile realizzarli attra-

verso la loro incorporazione in un sistema giuridico. Non vengono realizzati se un sistema induce i propri funzionari a considerare gli esseri umani coinvolti nei vari processi soltanto negli aspetti astratti delle loro persone; o se concentrando l'attenzione sui meccanismi procedurali ci si dimentica della subordinazione del sistema a quei principi. Se tali effetti vengono ritenuti inevitabili in ogni sistema giuridico, sicché chi ha il compito di applicare il diritto alle altre persone non può mai amarle o esserne amato, nessun sistema giuridico è compatibile con i principi cristiani. Se invece gli uomini sono capaci di accettare il diritto in quanto necessario per la creazione di una comunità, allora il perseguimento degli obbiettivi comunitari può creare un ponte dove non si pensava che ciò fosse possibile e cioè tra la norma generale e l'individuo. La realizzazione del principio dell'amore dipenderà dunque da quanto consapevolmente si tiene a quegli obbiettivi, da quanto efficacemente essi vengono comunicati, da quanto fedelmente l'azione li persegue».

[5] Long, *A Survey of Christian Ethics*, pp. 188-189. Il contesto della citazione è l'elaborazione di Lutero in merito alla distinzione tra morale individuale e collettiva. Lutero precisa che al fine di combattere il peccato il principe cristiano può dover andare in guerra, mentre per un cristiano che agisca come individuo, ciò sarebbe sbagliato. Il diritto secolare, per Lutero, era una materia secondaria, una materia di necessità politica, il cui obbiettivo, da un punto di vista cristiano, era il combattimento contro il peccato, mentre la materia primaria, cioè la giustificazione, era il risultato della fede individuale.

[6] *Ibid.*, p. 132. Lutero «negò categoricamente che la dottrina della giustificazione per la fede potesse essere presa a pretesto per considerarsi svincolati dagli obblighi etici». Long cita in proposito l'affermazione di Lutero che «così come la fede fa di un uomo un credente e un retto, così la fede fa anche opere buone» (p. 133).

[7] Cf. *Ibid.*, pp. 308, 309.

[8] Cf. Harvey Cox, *The Secular City* (New York, 1965).

[9] Esiste una ampia letteratura protestante sulle «funzioni della legge». Benché sussistano alcune differenze in materia tra il punto di vista luterano e quello calvinista (si veda Long, *A Survey of Christian Ethics*, pp. 82ss), in generale entrambi attribuiscono tre funzioni al diritto, includendosi nel diritto non soltanto la legge morale, ma anche l'equivalente di quella nel diritto civile dello stato: 1) la funzione di deterrenza che attraverso la minaccia delle pene trattiene i recalcitranti dal violare la legge; 2) la funzione pedagogica che rende le persone consapevoli dei loro obblighi e le induce a pentirsi dei peccati commessi; 3) la funzione di guida dei fedeli sul sentiero di una vita virtuosa. Si veda la luterana Formula di Concordia, citata in Alec R. Vidler, *Christ's Strange Work* (London, 1944), pp. 21-22.

Circa la terza funzione, Calvino scrisse: «La terza funzione della Legge, la principale, pertinente al fine per cui essa e stata data, si esplica fra i credenti nel cui cuore già regna ed agisce lo spirito di Dio. Sebbene abbiano la Legge scritta nei loro cuori dal dito di Dio, sebbene ricevano dallo Spirito Santo il desiderio di obbedire a Dio, tuttavia traggono ancora doppio frutto dalla Legge. Essa è un ottimo strumento per far loro sempre meglio e più sicuramente comprendere quale sia la volontà di Dio, alla quale aspirano, e confermarne in loro la conoscenza. Come un servo, pur desideroso di servir bene e compiacere in tutto al suo padrone, ha bisogno di conoscere con grande famigliarità le sue abitudini e le sue condizioni per potercisi adattare. E nessuno tra noi può esentarsi da questa necessità. Nessuno ancora, infatti, ha raggiunto una sapienza tale da non poter progredire ulteriormente, giorno per giorno, mediante il quotidiano approfondimento della Legge, assimilando la volontà di Dio con sempre più chiara comprensione. Non abbiamo solamente bisogno di insegnamenti ma anche di esortazioni: il servitore di Dio trarrà dunque dalla Legge e dalla frequente meditazione di essa anche questo giovamento: sarà stimolato all'obbedienza a Dio, vi sarà confermato e sarà liberato dai suoi errori». John Calvin, *Institutes of the Christian Religion*, trans. John Allen, Bk. II, cap. VII, par. xii [qui nella traduzione di Giorgio Tourn in G. Calvino, *Istituzione della religione cristiana*, a cura di G. Tourn, Milano, Mondadori, 2009, pp. 481-482. NdT].

Per un brillante saggio sull'applicazione della formula luterana ai problemi contemporanei, si veda Wilber G. Katz's "Moral Theology and the Criminal Law" *Anglican Theological Review*, July, 1956.

[10] Si veda la nota che precede.

[11] «"La religione è una questione privata". Con questo slogan la società moderna si è liberata di ogni influenza da parte delle varie confessioni cristiane. È però insita in tale movimento l'attribuzione alla religione di una nuova funzione. La religione diventa ora il culto del privato, *cultus privatus*. La religione è ora compresa come una questione di introspezione e di sensazione, come uno speciale attributo della "sfera personale". (...) La religione e la fede devono interessarsi dell'anima solitaria, dell'esistenza interiore dell'uomo moderno (...) non può più dimostrarsi che Dio sia l'origine e il fine del mondo, e della società umana nella dinamica del mondo, ma può dimostrarsi che Dio è il terreno trascendentale dell'esistenza, della capacità di agire personalmente e in accordo con la propria coscienza. Se non è più possibile fare spazio a Dio nella sfera della conoscenza e dell'attività del mondo, [ciò] lascia il cristianesimo senza altro da dire al mondo tranne quanto il mondo stesso vuol sentire». Jürgen Moltmann, *Religion, Revolution and the Future*, pp. 113, 117.

[12] C.H. Dodd, *The Interpretation of the Fourth Gospel* (Cambridge. 1970), pp. 82ss.

[13] Cf. Theodore Roszak, *The Making of a Counter-Culture* (New York, 1969).

[14] Charles Reich, *The Greening of America* (New York, 1970).

[15] Che la controcultura sia essa stessa derivata dal cristianesimo è ignorato dal libro di Roszak, peraltro eccellente, come anche dal libro di Reich e nella maggior parte della letteratura sull'argomento. Invece William Braden, in *The Age of Aquarius* (New York, 1970), rinviene alcune connessioni tra la «rivoluzione culturale» e certe tendenze teologiche come nel caso della teologia della speranza; nel 1970 e nel 1971 quelle connessioni si sono fatte più evidenti con l'emergere di svariate comuni dall'orientamento apertamente cristiano, come i «Jesus Freaks».

[16] Ezechiele 33:11. Cf. Jacques Ellul, *The Theological Foundation of Law* (New York, 1969), p. 39. Ellul distingue nettamente tra giustizia divina e giustizia umana e critica la teoria del diritto naturale in quanto colpevole secondo lui di non essere «niente più che il trasferimento in cielo di una giustizia relativa e terrestre (...) In nessun punto della rivelazione biblica si fa menzione alcuna [del diritto naturale]» (p. 64). Poiché l'uomo è per natura cattivo e ingiusto, dichiara Ellul, esso è incapace di creare qualcosa di giusto (p. 71). L'autore sostiene inoltre che «non è affare dello stato punire il male morale e il peccato» (p. 124). Verso la fine del libro, però, Ellul si produce in un completo voltafaccia e argomenta che il diritto umano, nonostante la sua imperfezione, «ci ricorda» in realtà la rettitudine di Dio. Ancor più, il diritto umano «non può essere separato dalla compassione» e possiede una universalità che trascende le differenze nazionali (pp. 115-121).

[17] «Io metterò la mia legge nell'intimo loro, la scriverò sul loro cuore, e io sarò loro Dio, ed essi saranno mio popolo» (Geremia, 31:33-34).

[18] Sono le parole del giudice Oliver Wendell Holmes in una lettera a Harold Laski: «Se dovessi avere una conversazione filosofica con un uomo che avessi condannato all'impiccagione (o alla sedia elettrica), direi: "non dubito che ciò che hai fatto fosse inevitabile per te, ma affinché altri possano evitare di fare altrettanto ci proponiamo di sacrificarti per il bene comune. Se vuoi puoi considerarti un soldato che muore per il tuo paese. Ma il diritto deve mantenere ciò che promette". Nel suo illuminante commento, Wilber G. Katz scrive: «questa citazione può scioccare il lettore. E può scioccarlo ancora di più il fatto che i teologi della tradizione protestante classica siano egualmente assertivi circa il trattamento dei criminali quali strumenti a fini sociali (...) I moralisti hanno spesso attaccato questa opinione circa lo scopo della punizione. Kant insistette nel ritenere del tutto immorale che la società trattasse un uomo come un mezzo da usare per i propri fini. L'unico fondamento della punizione moralmente difendibile, per Kant, è la retribuzione di atti liberamente scelti. Sul punto la

tradizione ebraico-cristiana, con la sua introspezione «realistica» sulla natura umana che corrisponde a quelle della psicologia dinamica, è però più vicina al moderno positivismo di quanto non lo sia all'idealismo etico. I teologi appartenenti a questa tradizione non fondano la responsabilità penale su una libertà di scelta relativamente priva di impedimenti. La loro posizione non è dunque scossa dalle scoperte della scienza psicologica e sociale circa i forti condizionamenti cui è sottoposta la condotta umana (...) Come dice Paul Tillich, «al fine di fare il proprio lavoro, e cioè la carità e il perdono, l'amore deve predisporre un luogo in cui ciò possa esser fatto e ciò avviene attraverso la sua opera estranea di giudicare e punire». Wilber G. Katz, "Moral Theology and the Criminal Law" pp. 5-6. La citazione di Tillich è dal suo *Love, Power, and Justice* (New York, 1954), p. 49. L'espressione "opera estranea" usata da Tillich è tratta dalla luterana Formula di Concordia nella quale la legge è definita «opera estranea di Cristo» [il riferimento biblico è Isaia 28,21. Sulla base di tale riferimento, la Formula di Concordia, al paragrafo 887, recita: «opus alienum, ut faciat opus proprium». Si riprende qui la traduzione di Romeo Fabbri: R. Fabbri, *Confessioni di fede delle chiese cristiane*, Bologna, EDB, 1996, p. 501: «un'opera estranea [condannare] per fare l'opera sua propria [consolare]». NdT]. Si veda anche la nota 9 in questo capitolo.

Capitolo IV

1 Questa interpretazione del significato della *Leggenda del Santo Inquisitore*, sebbene non convenzionale, si appoggia in generale sugli studi moderni circa il carattere «polifonico» degli scritti di Dostoevskij. Si veda M. Bakhtin, *Problemy poetiki Dostoevskogo* (2nd ed., Moscow, 1963), specialmente pp. 332 ss. (edizione francese, *Problèmes de la poétique de Dostoïevski* [Lausanne, 1970], pp. 290 ss.). Il conflitto tra Ivan e Alëša è anche un conflitto interno a ciascuno dei due che è risolto soltanto dal libro nel suo insieme, o meglio, non è risolto neppure lì, giacché *I fratelli Karamazov*, come *Moby Dick*, sono una specie di Antico Testamento nel quale è latente un Nuovo Testamento che però Dostoevskij, come Melville, non fu in grado di scrivere. [Per le citazioni tra virgolette nel brano cui si riferisce questa nota, si è utilizzata la traduzione di Claudia Zonghetti in F. Dostoevskij, *I fratelli Karamazov*, Torino, Einaudi, 2021, vol. 1, nell'ordine alle pp. 353, 355, 360. NdT]

2 Si veda *The Brothers Karamazov* (Garnett trans. New York, 1929), pp. 70ss.

3 Cf. capitolo I, nota 24.

4 Jeremy Bentham ha forse razionalizzato e applicato il principio dualista nel modo migliore è più sistematico. Era convinto che al fine di conseguire una conoscenza certa fosse necessario classificare l'intero sapere in «biforcazioni» di concetti che si escludessero a vicenda. «Se abbiamo una divisione di un aggregato in tre elementi», scrisse, «non possiamo classificare i tre elementi in modo tale da consentire una descrizione esaustiva dell'aggregato. Se invece diciamo che il diritto è composto dal diritto penale e dal diritto non penale, possiamo esser certi, in virtù del modo in cui l'affermazione stessa è formulata, di includere ogni tipo di diritto nell'una o nell'altra categoria». E ancora: «è solo attraverso l'espressione di una differenza tra due elementi che il pensiero e il linguaggio ci rendono capaci di dire se i co-dividendi sono esaustivi rispetto agli elementi suddivisi. Possiamo solo comparare due cose insieme, non possiamo compararne tre o più allo stesso tempo. Nel linguaggio comune parliamo di comparare più di due cose, ma l'operazione con cui raggiungiamo il fine consiste comunque in deduzioni tratte da una serie di comparazioni, ciascuna relativa a due cose soltanto per volta». Si veda C.K. Ogden, *Bentham's Theory of Fictions* (London, 1932), pp. cxxvi, cxxv. Secondo Bentham, una cosa è in un certo modo o non lo è; una cosa è fisica o non lo è; una proposizione è chiara o ambigua; una legge è penale o non penale; una entità è reale o fittizia; e così via. Va ammesso che un tale «sistema biforcato», come lo chiama Bentham, possa

avere una sua utilità come metodo di esposizione, a condizione che chi espone da una parte e chi legge o ascolta dall'altra attribuiscano lo stesso significato ai «co-dividendi»; ma Bentham usò il sistema anche come metodo per conoscere la realtà e la natura in modo esaustivo. Nella realtà, invece, gli opposti si toccano. Oggi, almeno, non possiamo più accettare la realtà semplicemente in termini di «o o»; la realtà insiste invece a presentarsi in termini di «e e».

[5] Si veda Leslie Dewart, *The Future of Belief: Theism in a World Come of Age* (New York, 1966), pp. 152-170; Dewart, *The Foundations of Belief* (New York, 1969), pp. 347ss. Dewart ha criticato gli elementi ellenistici presenti nel pensiero cattolico e specialmente l'assunto platonico che il linguaggio e di conseguenza il pensiero non siano altro che un mero riflesso della struttura della realtà. Il linguaggio e il pensiero, scrive Dewart, non si limitano a riflettere o a osservare la realtà; la loro funzione è invece quella di «*situare* attivamente l'uomo nella realtà del mondo» (p. 416).

[6] Il concetto di presa di decisione giuridica quale «scienza dell'indirizzo politico» è stato legato negli ultimi decenni negli Stati Uniti principalmente agli scritti dei professori Harold Lasswell e Myres McDougal della Yale University Law School. Questi autori condividono con i cosiddetti realisti del diritto l'idea che le regole giuridiche presentate dai giudici come fondamento delle loro sentenze sono in realtà la razionalizzazione di risultati raggiunti sulla base di altri fondamenti extragiuridici. Tuttavia essi cercano di andare oltre il realismo giuridico e a tal fine propongono una serie di «valori» economici, politici, sociologici, psicologici e di altra natura dai quali dovrebbero essere guidati gli orientamenti dei giudici. Cf. McDougal, "The Law School of the Future: From Legal Realism to Policy Science in the World Community" *Yale Law Journal* LVI (1947), p. 1345. La popolarità della scuola di pensiero giuridico ispirata alla «scienza dell'indirizzo politico» è coincisa con un marcato aumento del cosiddetto «attivismo giudiziale» di svariati tribunali e anche della Corte Suprema degli Stati Uniti. Ciò include l'espansione della giurisdizione, il rovesciamento dei precedenti e il ragionamento in termini di conseguenze sociali. Una importante critica a questa tendenza, in quanto usurpatrice e arbitraria, è stata rivolta dal professor Herbert Wechsler della Columbia University Law School nelle sue Holmes Lectures del 1959 a Harvard; si veda Wechsler, "Toward Neutral Principles of Constitutional Law" *Harvard Law Review* LXXIII (1959), p. 1. Il dibattito tra sostenitori dell'«indirizzo politico» e sostenitori dei «principi neutrali» ha imperversato nella letteratura giuridica per tutti gli anni Sessanta fin dentro gli anni Settanta, proprio come è avvenuto per il conflitto tra «attivismo» e «auto-limitazione» che ha diviso i giudici.

[7] Zechariah Chafee, Jr. "Do Judges Make or Discover Law?" *Proceedings of American Philosophical Society* 91 (1947), p. 405.

[8] Si veda capitolo I, nota 13. Cf. Norman O. Brown, *Love's Body* (New York, 1968), pp. 201ss. Altrove Brown scrive: «il classico senso del tempo dell'Occidente, il tempo newtoniano, fu una religione che, come ogni religione, fu presa dai suoi aderenti, tanto i fisici quanto gli economisti, come una verità obiettiva assoluta. Ancora una volta constatiamo come anche il "razionalismo secolare" sia proprio una religione; e la nuova nozione relativista del tempo comporta proprio la disintegrazione di una religione». Si veda *Life Against Death: The Psychoanalytical Meaning of History* (Middletown, Conn., 1959), p. 274.

[9] Brown, *Love's Body*, pp. 219, 220.

[10] Rosenstock-Huessy, *Out of Revolution: The Autobiography of Western Man*.

[11] *The Christian Future* (New York, 1946), p. 70. «La previsione di un Giudizio Ultimo che incombe sulla nostra civiltà rappresenta il miglior rimedio contro la sua inevitabile caduta» (*Out of Revolution*, p. 561); cf. Eugen Rosenstock and Joseph Wittig, *Das Alter der Kirche*, I (Berlin, 1927), pp. 84ss.

[12] Cf. Long, *A Survey of Christian Ethics*, p. 34.

[13] Si veda Page Smith, *As a City Upon a Hill* (New York, 1968). Questa opera importante, che ha per sottotitolo *La cittadina nella storia americana*, avrebbe potuto intitolarsi «La

comune nella storia americana». Il libro riguarda il concetto di comunità fondata su un patto quale manifestatosi nella diffusione di piccole cittadine di «coloni» attraverso l'America dall'inizio del diciassettesimo secolo fino alla fine del diciannovesimo. Le comuni utopiche degli Shakers, degli owenisti, degli Amish, dei fourieristi e altre, vengono viste dal Professor Smith come forme atipiche delle più tipiche nuove cittadine create da persone in fuga dalle lotte, dalla corruzione e dall'avidità che avevano eroso l'antico patto. Scritto in gran parte prima del risveglio del movimento delle comuni della fine degli anni Sessanta (l'introduzione è datata 1966), il libro del Professor Smith sottolinea in una nota verso la fine del volume il rapporto tra il declino delle comunità «organiche» e la questione dell'alienazione. Lo sviluppo di «pseudo-comunità» riguarderebbe in tal senso gruppi di individui che condividono difficoltà di adattamento sociale e disagi personali. Nella sua conclusione il Professor Smith scrive della cittadina americana: «i costruttori della cittadina erano ossessionati dal sogno della "buona comunità" dalla quale dovevano essere banditi l'avidità, il settarismo, la povertà e l'eguaglianza. I loro valori erano orientati alla comunità piuttosto che all'individuo. Il sogno non si avverò e il fallimento lasciò una grande amarezza, tanto più che la cittadina – votata in principio ad essere il microcosmo, la misura, della società più grande, che ne afferma i valori e dà forma ai suoi ideali – si è trovata a bramare i modi e le maniere della città, il successo della città. Sicché la versione urbana dell'etica protestante è stata infine universalmente accettata ed è stata attribuita – ironia finale – alla piccola cittadina» (p. 307).

[14] In *Commitment and Community: Communes and Utopias in Sociological Perspective* (Cambridge, Mass., 1972), Rosabeth Moss Kanter analizza gli effetti avversi del carattere temporaneo della vita nella comune. Si interroga su «come possano le comuni rispondere effettivamente all'alienazione sperimentata nella società americana se non offrono relazioni di lungo termine» (pp. 215-216). Afferma anche che «è spesso demoralizzante per un gruppo – anche per un gruppo del tipo "teniamoci liberi" e "pensa agli affari tuoi" – far fronte ad un continuo avvicendamento di persone che se ne vanno o contemplare lo scioglimento» (p. 16). Queste osservazioni sembrano presupporre che la funzione della comune sia quella di sostituire la società più grande di cui si è parte. L'autrice si avvicina alla questione quando riconosce (p. 217) che «almeno certe comunità [di breve durata], come i gruppi di incontro, possono contribuire ad educare le persone alla possibilità di modi alternativi di vivere e di relazionarsi».

Post-Scriptum

[1] «In tutte le culture e in tutti i sistemi di pensiero (...) ciò che per la società è legale o illegale è in relazione con ciò che è morale o immorale e ovunque, alla fine, la legge morale è sancita dalla religione». Christopher Dawson, *Religion and Culture* (New York, 1948), p. 155. Cf. Arthur L. Harding, ed., *Religion, Morality and Law* (Dallas, 1956), il cui primo capitolo si intitola «Può esserci morale senza religione?» e il secondo «Può esserci diritto senza morale?». Tuttavia, se si privilegia la morale quale nesso tra il diritto e la religione, si finisce con l'esagerare il ruolo delle regole nell'uno e nell'altra e per sottovalutare il ruolo del rito, della tradizione, dell'autorità e dell'universalità (si veda il capitolo I). La categoria dell'universalità si sovrappone a quella della morale, ma sottolinea l'aspirazione più che il dovere. In generale mi oppongo allo sforzo di ridurre il diritto e la religione alla morale o alla metafisica. Entrambi il diritto e la religione sono imprese sociali, dimensioni dell'esperienza umana, ciascuna dotata del proprio linguaggio simbolico, ciascuna col proprio peculiare valore.

Pasquale Annicchino

POSTFAZIONE

Passato, presente e futuro della tradizione giuridica occidentale. Harold Berman tra diritto e religione

1. Interazione e separazione

Perché non insegnare un corso su diritto e cristianesimo in una delle più prestigiose facoltà di giurisprudenza degli Stati Uniti come quella di Harvard? Quando Harold Berman fece questa proposta si sentì rispondere che forse sarebbe stato possibile organizzare un seminario opzionale che non avrebbe dato crediti agli studenti. Una scelta facoltativa che, visto lo scarso interesse della stessa istituzione, non sarebbe stata degna di un completo riconoscimento accademico.[1] Del resto, negli anni Cinquanta e Sessanta del Novecento parlare di religione nelle facoltà di giurisprudenza era ormai considerato un tabù[2] e nelle scienze sociali la teoria della secolarizzazione appariva ormai aver segnato il destino di sempre maggiore marginalizzazione del fattore religioso dalla sfera pubblica. Era, insomma, stato detto tutto quello che si poteva dire della separazione tra diritto e religione. È contro questo consenso, che sembrava quasi egemone, che si svolge l'opera di Berman: «[...] sono convinto che sia stato detto fin troppo circa la separazione di diritto e religione e non abbastanza in merito alla loro fondamentale unità».[3] Solo

---

1 È lo stesso Berman a raccontare questi dettagli in un'intervista disponibile su Youtube, cfr. *Q & A with the expert: Harold Berman*, disponibile su: https://www.youtube.com/watch?v=5HxJfka0usM.

2 È Berman ad utilizzare questa espressione nell'intervista citata in precedenza.

3 In questo volume, p. 5.

poche parole prima Berman aveva anticipato il nucleo dell'argomento che avrebbe poi caratterizzato questo libro e tanta della sua successiva produzione scientifica:

> l'affermazione principale del libro è che il diritto e la religione sono due aspetti differenti, ma interrelati, in quanto dimensioni dell'esperienza sociale presenti in ogni società, specialmente nella società occidentale e ancor più specialmente nella società americana di oggi. Anche se questi due aspetti sono in tensione, uno non può fiorire senza l'altro. Senza (ciò che chiamo) religione, il diritto degenera in legalismo meccanicistico. Senza (ciò che chiamo) diritto, la religione perde la sua consistenza sociale.[4]

Quello che Berman aveva in mente era un ribaltamento del paradigma epistemologico imperante in quegli anni unito alla necessità di un'analisi interdisciplinare che mostrasse le molteplici connessioni tra diritto e religione. Si deve rintracciare proprio nel significato profondo della parola interazione uno dei contributi più significativi di Harold Berman non solo allo studio di una disciplina specifica, ma, in generale, alla metodologia degli studi giuridici.[5] La centralità dell'interazione è per Berman il nucleo della sua proposta metodologica che si basa sul rifiuto della staticità e dell'analisi riduzionista. È, prima di tutto, il metodo che porta all'evoluzione personale senza tradire le radici e la tradizione. È per Berman il percorso che lo ha portato anche alla conversione personale in una notte nell'Europa falcidiata dalla guerra.[6] La svolta paradigmatica che l'approccio di Berman suggerisce è nel passaggio dalla separazione all'interazione. Questa interazione, per ciò che riguarda i rapporti fra diritto e religione, deve risultare in una necessaria tensione che contribuisce alla salvaguardia e alla tenuta della tradizione giuridica occidentale in quanto

> la tensione tra diritto e religione impedisce a ciascuno dei due di inghiottire l'altro. Grazie al fatto di essere esterna al diritto, la religione gli evita di far-

---

[4] In questo volume, p. 5.

[5] Questo aspetto è stato sottolineato da Edward McGlynn Gaffney Jr. secondo cui: «[...] the single word 'interaction' sums up much of Hal Berman's contribution to this world. Hal embodies the interaction about which he frequently wrote. [...] For Hal, the duty of interaction commenced with the habit of careful, attentive listening to the other», cfr. EDWARD MCGLYNN GAFFNEY JR., *In Memory of an interactive pioneer, Harold Joseph Berman (1918-2007)*, «Emory Law Journal», 57, 6, 2008, p. 1418.

[6] L'episodio è ricordato da John Witte Jr.: «Hal told me again about his remarkable conversion experience-seeing a vision of Christ on a night train in war-torn Europe», cfr. JOHN WITTE JR., *A tribute to Harold J. Berman*, «Emory Law Journal», 57, 6, 2008, p. 1461.

si divinizzare. La religione profetica e sua figlia, l'ideologia profetica, rappresentano salvaguardie indispensabili contro il rischio di un cesaropapismo che esigerebbe non soltanto il rispetto dell'ordine giuridico esistente, ma anche il suo culto [...]. Infine, la tensione tra religione e diritto è un presupposto nella nostra dottrina costituzionale della separazione tra chiesa e stato. Va riconosciuta in tale dottrina da un lato una pietra angolare della libertà religiosa delle minoranze e dall'altro un presidio fondamentale del potere politico della maggioranza.[7]

2. Rivoluzione

In occasione del cinquantesimo anniversario della Rivoluzione russa del 1917 diversi accademici sovietici si recarono in visita ad Harvard e furono invitati ad un "Russian-style party" a casa di John Quiegly. Per celebrare la rivoluzione del 1917 alcuni proposero un brindisi a cui si unirono immediatamente tutti i convenuti. Subito dopo Berman chiese se non fosse il caso di brindare anche alle altre rivoluzioni. E così propose un brindisi a tutte le rivoluzioni che quindici anni dopo saranno al centro della sua ricostruzione della formazione della tradizione giuridica occidentale nel libro *Law and Revolution.*[8] Il ruolo delle rivoluzioni nello sviluppo del diritto occidentale sarà poi uno dei nodi centrali dell'analisi di Harold Berman in tutta la sua produzione accademica successiva. C'è da dire che, anche in questo caso, il lavoro di Berman era fondato su una robusta ricostruzione teorica, ma allo stesso tempo puntava all'interazione con tanti studiosi nel mondo. L'opera di Berman in quegli anni fu decisiva anche per tenere aperto un canale di comunicazione con accademici e funzionari impegnati nelle istituzioni. A volte questo poteva mettere in difficoltà delle persone nel contesto di un clima di reciproca sfiducia che caratterizzava anche gli scambi accademici durante

---

7 In questo volume, pp. 84-85.

8 Ci si riferisce a Harold J. Berman, *Law and Revolution: The Formation of the Western Legal Tradition*, Cambridge MA, Harvard University Press, 1983. L'episodio è ricordato da John Quigley: «Since each toast would involve another shot of vodka, his proposal was met with enthusiastic approval. Proceeding in reverse chronological order, Professor Berman toasted, in turn, the French Revolution, the Glorious Revolution, and the Papal Revolution. He may have followed with other revolutions, but by then the vodka was affecting my cognitive capacity», John Quigley, *In memory of professor Harold Berman*, «Emory Law Journal», 57, 6, 2008, p. 1440.

l'esistenza della cortina di ferro.[9] Ritornando al brindisi, per Berman il concetto di rivoluzione non è da intendersi solo nella sua portata politica, un'interpretazione del genere contribuirebbe ad escludere la parte forse più innovativa del contributo di Berman e che riguarda l'impatto sul foro interno e poi sul diritto della dimensione religiosa.[10] Ancora una volta Berman ritorna sulla necessità della dimensione della complessità del diritto che non può essere ridotto solo ad un insieme di norme: «se si comprende il diritto come un processo umano attivo e vivente, allora si può vedere come esso coinvolga – esattamente come fa la religione – l'intero essere dell'uomo, ivi compresi i suoi sogni, le sue passioni, le sue preoccupazioni ultime».[11]

3. Interdisciplinarietà e umanità

The Interaction of Law and Religion si inserisce con forza nello sviluppo degli studi interdisciplinari del diritto che in quegli anni si diffondevano nelle facoltà di giurisprudenza statunitensi. La necessità di contaminazione e integrazione degli studi giuridici era avvertita da studiosi che reagivano davanti alle pretese egemoniche del positivismo giuridico. Un approccio metodologico secondo cui sarebbe possibile spiegare il diritto solo mediante il diritto e comprenderlo solo come insieme di norme. Per Berman, invece, il diritto è necessariamente molto di più. Non è soltanto un "corpo di regole" in quanto «[...] è fatto di persone che legiferano, giudicano, amministrano, negoziano, è un processo vivo di allocazione dei diritti e dei doveri e perciò si risolvono conflitti e si creano canali di cooperazione».[12] Pensare che il diritto sia solo un dispositivo

---

[9] Ricorda un episodio rilevante a tal proposito Boris Ossipian che aveva seguito le lezioni di Berman all'università di Mosca: «Our dean of the Department of Theory of State and Law of the Law Faculty, M.N. Marchenko, the ardent communist and now democrat, was extremely confused by this American professor's attention to me and expressed his deep concern on my further study in Moscow State University. He let me know that I had become a target of KGB and should be careful in my future scholarly relations with the American professor», cfr. Boris Ossipian, *How Professor Harold Joseph Berman became my teacher and friend*, «Emory Law Journal», 57, 6, 2008, p. 1434.

[10] Questo aspetto è forse evidente maggiormente in H.J. Berman, *Law and Revolution II: The Impact of the Protestant Reformations on the Western Legal Tradition*, Cambridge MA, Harvard University Press, 2003.

[11] In questo volume, p. 17.

[12] In questo volume, p. 13.

tecnocratico, un "nomodotto",[13] priva il diritto della sua vera natura. Tale riduzionismo, ancora oggi presente in alcuni approcci metodologici, rappresenta per Berman un bersaglio da colpire in quanto

> [...] è suicida la concezione prevalente nelle società occidentali contemporanee secondo la quale il diritto sarebbe principalmente uno strumento per attuare le politiche di chi è al potere. Quando pensiamo al diritto in termini di mera efficienza, è in realtà proprio di quella efficienza che lo priviamo.[14]

Gli studi sul diritto sovietico avevano reso palese a Berman la debolezza del diritto soprattutto rispetto alla possibilità di utilizzare solo lo strumento giuridico come dispositivo tecnico per garantire la tenuta sociale e la sua integrità. Come Berman ricorda:

> persino Stalin ha dovuto reintrodurre nel diritto sovietico elementi che spingessero le persone a credere nella sua intrinseca correttezza, elementi emotivi, addirittura sacri; altrimenti la forza persuasiva del diritto sovietico sarebbe completamente svanita, e neppure Stalin, allora, avrebbe potuto governare soltanto attraverso la minaccia dell'uso della forza.[15]

Dal punto di vista degli studi giuridici, la risposta per Berman è già chiara nel 1974 e fa impressione perché ancora oggi lo studio interdisciplinare del fenomeno giuridico è tutt'altro che una realtà affermata. La necessaria era della sintesi che Berman intravedeva nel 1974 avrebbe comportato «[...] che ci si sporga verso le altre discipline, le altre professioni e gli altri processi sociali, la sociologia, l'economia e le scienze politiche, la medicina e la gestione aziendale, la povertà, la razza e le relazioni internazionali, la letteratura, l'arte e la religione».[16] Per Berman l'interesse principale era quello di comprendere la natura e il ruolo del diritto nella società. Per raggiungere il suo risultato non poteva limitarsi a studiare le regole, del resto per lui il diritto non è mai stato solo un insieme di regole. In una lettera del 30 gennaio 1957 inviata all'allora preside della Harvard Law School Erwin Griswold, Berman scrive, a proposito dei suoi incontri a Mosca con funzionari governativi e uomini

---

13 L'espressione è utilizzata in Natalino Irti, *Nichilismo giuridico*, Roma-Bari, Laterza, 2004.

14 In questo volume, p. 14.

15 In questo volume, p. 16.

16 In questo volume, p. 72.

d'affari, che ha appreso molto di più dagli incontri con queste persone rispetto a quanto avrebbe potuto apprendere in anni di ricerche immerso tra i libri e nelle biblioteche. Per Berman l'interazione necessaria non è solo quella fra le discipline, ma anche quella con le persone. Sono del resto le persone a fare il diritto e a renderlo un fenomeno profondamente sociale.[17]

4. Diritto e Religione

Berman considerava fondamentale la relazione necessariamente dialettica dell'interazione fra diritto e religione. Solo un anno dopo la pubblicazione di *The Interaction of Law and Religion* sottolineava, ancora una volta, l'importanza del fattore religioso nello sviluppo del diritto occidentale[18] e annunciava la crisi della sua tradizione giuridica.[19] Bisognerà attendere il 1983 per la pubblicazione del volume che arrivò poi a consacrare Berman come voce globale[20] di una ricostruzione storica della nascita e dell'evoluzione del diritto occidentale destinata ad avere un'influenza decisiva negli anni successivi. Harold Berman, come ha scritto Cole Durham, è stato un vero e proprio «field-maker par excellence».[21] Senza il suo contributo gli studi di diritto e religione oggi sarebbero diversi. Questo è vero sia per quanto riguarda la riflessione accademica statunitense,[22] ma anche per quella globale. Poco prima della sua morte

---

17 Come scrive Berman: «[...] I couldn't have learned in 20 years of research in libraries. I learned about secret annexes in trade agreements, characteristics of contracts with Soviet and other Communist trade organizations, Soviet techniques of negotiating, the set-up in various Western countries for controlling East-West trade, etc., etc.; and of course I got a lot of documentation, reference literature, etc. Also, I have learned something about the art of interviewing as a technique of legal research», la lettera è citata in Robert Charles Clark, *Prefaces-A conference on the work of Harold J. Berman*, «Emory Law Journal», 42, 2, 1993, p. 429.

18 Harold J. Berman, *The Religious Foundations of Western Law*, «Catholic University Law Review», 24, 1975, pp. 490-508.

19 Harold J. Berman, *The Crisis of the Western Legal Tradition*, «Creighton Law Review», 9, 1975, pp. 252-265.

20 Harold J. Berman, *Law and Revolution: The Formation of the Western Legal Tradition*, cit.

21 W. Cole Durham, *Revivifying the field of Law and Religion*, «Emory Law Journal», 57, 6, 2008, p. 1411.

22 Cole Durham ricorda l'impatto che *"The Interaction of Law and Religion"* ha avuto sulla creazione della sezione Law and Religion dell'American Association of Law Schools:

Berman ha scritto la voce "*Comparative Law and Religion*" per l'*Oxford Handbook of Comparative Law* curato da Mathias Reinmann e Reinhard Zimmerman.[23] Come ha sottolineato Zimmerman questo contributo potrebbe considerarsi come il suo testamento intellettuale in cui viene, ancora una volta, ribadita la stretta relazione e la necessità dell'interazione fra diritto e religione nel contesto delle differenti tradizioni giuridiche. Non a caso Zimmerman sottolinea come *Legal Traditions of the World* di Patrick Glenn sia un'opera che si muove in quella tradizione.[24] Anche nel suo ultimo periodo Berman evidenziava come la "crisi d'integrità", che già aveva individuato nel 1974, avrebbe probabilmente portato al superamento dei risultati raggiunti dallo sviluppo della "tradizione giuridica occidentale" e alla sua graduale sostituzione. Nella ricostruzione di John Witte Jr. tale dinamica non riguarderebbe il solo Occidente, ma l'intera umanità: «Quello che deve essere forgiato alla vigilia di questo nuovo millennio è un nuovo sistema religioso comprensivo, un nuovo modello di linguaggio e rituali, un nuovo *eschaton*, che darà a questa legge comune dell'umanità coesione e direzione».[25] C'è forse del millenarismo, o sicuramente una dimensione profetica,[26] nell'approccio di Harold Ber-

---

«One particularly significant context in which his influence was felt was in the Law and Religion Section of the American Association of Law Schools. This section was organized at about the same time that Professor Berman's book *The Interaction of Law and Religion* was published». Durham ricorda come a partire dalla pubblicazione del volume del 1974 l'influenza di Berman fu decisiva: «I was a member of this Section almost from the beginning, serving as its secretary from 1981 to 1985 and as its chair from 1985 to 1987. If *Interaction* helped explain and make credible the grounding of the Section, *Law and Revolution* helped remind legal scholars of the depth and magnitude of the phenomena that constituted the subject matter of the Section's activities. Professor Berman was a constant adviser and friend to those working to build and expand the Section and its influence in legal academia», cfr. *ivi*, pp. 1411, 1412.

23 Harold J. Berman, *Comparative Law and Religion*, in M. Reimann – R. Zimmermann, (a cura di), *The Oxford Handbook of Comparative Law*, Oxford, Oxford University Press, 2006, pp. 739-752.

24 Reinhard Zimmermann, *Harold Berman: some personal reflections*, «Emory Law Journal», 57, 6, 2008, p. 1468. L'opera menzionata è Patrick H. Glenn, *Legal Traditions of the World. Sustainable Diversity in Law*, Oxford, Oxford University Press, 2000.

25 J. Witte Jr., *A New Concordance of Discordant Canons: Harold J. Berman on Law and Religion*, «Emory Law Journal», vol. 42, no. 2, 1993, p. 536 (nostra traduzione). Si rende con «legge comune dell'umanità» l'originale «common law of humanity».

26 A tal proposito John Witte Jr. ricorda un episodio che vale la pena riportare e che concerne la crisi dell'Unione Sovietica: «In 1982, with an ailing Leonid Brezhnev still in power, Harold and Ruth Berman kindly invited me to dinner. As we toasted for dessert, Berman stood up and announced grandly: 'I have a prophecy to make. I predict that, in a

man ai temi più delicati della sua analisi. Si deve tuttavia sottolineare, come ricorda Witte Jr., che il suo spirito si era formato nell'esperienza diretta della carneficina della Seconda guerra mondiale.[27] Quella guerra aveva visto l'Occidente prevalere e riemergere poderosamente dalle ceneri dei campi di concentramento. Era quello il momento per Berman di non chiudersi, ma di aprire allo studio dell'Unione Sovietica e di quel comunismo che cominciava a destare preoccupazione. Quando alcuni studenti di Harvard decisero di utilizzare il *Freedom of Information Act* per verificare quanto i servizi di sicurezza statunitensi avessero seguito le tracce di Berman i risultati furono indicativi:

> Mentre i nostri fascicoli potevano contenere cinque, o addirittura cinquanta pagine, i fascicoli di J. Edgar Hoover, dell'FBI e della CIA su Hal erano così estesi che dovettero essere consegnati in casse, e anche in quel caso molte pagine di molti documenti erano 'censurate' in nome della sicurezza nazionale.[28]

5. Conclusione

Per John Witte Jr. quella di Berman, più che un'opera sulla ricostruzione della storia del diritto, è un'impresa che sfida il nostro futuro.[29] Quando gli Stati Uniti chiudevano alla Russia Berman invitava all'interazione e al dialogo concentrandosi sul diritto sovietico, quando il consenso dava per imminente la fine della religione e l'ascesa della secolarizzazione, Berman rilanciava sulla necessità dello studio dell'interazione

---

decade, the Soviet Union will be revolutionized, and the leader of the revolution will be a young man, I have been watching for a long time-Mikhail Gorbachev'. Within a decade, *glasnost, perestroika,* and *demokratizatsiia* had become the watchwords of a new Russian revolution led by Gorbachev», J. Witte Jr., *Harold Berman as Historian and Prophet*, «Ius Commune», 21, 2013, p. 224.

27 J. Witte Jr., *A New Concordance of Discordant Canons: Harold J. Berman on Law and Religion*, cit.

28 Frank Alexander, *The conviction of things not seen: a tribute to Hal Berman*, «Emory Law Journal», 57, 6, 2008, p. 1396 (nostra traduzione).

29 Come evidenzia John Witte Jr.: «Berman's most formidable challenge to us, however, lies not in deconstruction of the past, but in reconstruction for the future. For more than three decades, Berman has warned us of a pending crisis of law, religion, and culture on a world scale. His apocalyptic prophesies now seem to be coming true. On the eve of the third millennium, the world is torn by crisis and paradox, by a moral Armageddon, if not a military one», J. Witte Jr., *A New Concordance of Discordant Canons: Harold J. Berman on Law and Religion*, cit., p. 546.

fra diritto e religione, quando la scontro delle civilizzazioni dominava il dibattito pubblico Berman dedicava i suoi ultimi anni di ricerca alla giurisprudenza ecumenica e al diritto globale.[30] Poteva essere più semplice lasciarsi trasportare e seguire le onde dei tempi, ma la navigazione controvento di Berman ha aperto scenari inesplorati e lasciato in eredità tracce che ancora oggi si rivelano promettenti per studiosi più o meno giovani. Quella di Harold Berman era, prima di tutto, una fede nelle cose non viste, a «belief in things not seen».[31] La lezione che ci lascia è quella della necessità dell'evoluzione della tradizione e dell'impossibilità della sua staticità. La sua abilità è stata quella di pensare «[...] al di sopra, oltre e contro il suo tempo»[32] in una dinamica che pone al centro l'interazione tra le discipline dei diversi saperi e tra le persone. Interazione fra persone, fra comunità, fra Stati e fra discipline.

---

30 Negli anni dell'intenso dibattito sullo scontro fra civilizzazioni Berman «[...] called for a world law, grounded in global structures and processes, and universal customs and principles of peace, cooperation, and reconciliation. This view holds so much more promise than our current jingoism», J. WITTE JR., *A tribute to Harold J. Berman*, cit., p.1463.

31 Come ricorda Frank Alexander: «A conviction of things not seen requires more than an open and inquiring mind. It requires the courage to make connections where others see only barriers. Hal Berman has frequently gone where others would not dare go. In the early 1950s, much to the consternation of those who later became leaders of the CIA, Harold Berman insisted on travelling to the Soviet Union, where he was the first major figure to initiate discussions on the rule of law», F. ALEXANDER, *The conviction of things not seen: a tribute to Hal Berman*, cit., p. 1396.

32 J. WITTE JR., *A tribute to Harold J. Berman*, cit., p. 1462 (nostra traduzione).

HAROLD J. BERMAN.
BIBLIOGRAFIA SCELTA DI DIRITTO E RELIGIONE (1946-2008)

A cura di
PASQUALE ANNICCHINO

Harold Berman è stato un autore molto prolifico. La sua bibliografia, per come ricostruita ad oggi dalla Emory University,[1] conta 402 titoli che, dal 1946 al 2008, offrono uno spaccato intellettuale del poliedrico approccio dell'autore al fenomeno giuridico e spaziano dagli studi sul diritto sovietico a quelli di storia del diritto, filosofia del diritto o teoria generale per arrivare agli studi di diritto e religione.

A partire dalla bibliografia completa elaborata dalla Emory University e sopra citata, la presente bibliografia offre una selezione dei principali contributi dell'autore sul tema dell'interazione fra diritto e religione. Ritengo comunque che, al fine di comprendere appieno il contributo di Berman, sia necessario seguire l'intero itinerario intellettuale dell'autore approfondendo lo studio almeno dei suoi principali contributi.

Per una panoramica sul contributo dell'autore si può partire dagli studi pubblicati sull'«Emory Law Journal» (vol. 42, n. 2) nel 1993 in occasione della conferenza dal titolo *"A conference on the work of Harold J. Berman"* e dagli studi in onore dell'autore pubblicati nel 2008 sempre sull'«Emory Law Journal» (vol. 57, n. 6).

In questa bibliografia si indica sempre la prima edizione e non si dà conto delle successive né, in particolare nel caso di articoli e contributi,

---

[1] Ci si riferisce all'elenco degli scritti di Berman che ci è stato fornito dal prof. John Witte Jr. della Emory University School of Law. Presso la Emory University è disponibile una raccolta degli scritti di Berman, cfr. *The collected writings of Harold J. Berman: essays, articles, and unpublished manuscripts* (1938-2008), disponibile su: https://search.libraries.emory.edu/catalog/990023658980302486.

delle varie pubblicazioni o traduzioni susseguitesi nel tempo. I due libri fondamentali del 1983 e del 2003 sono usciti in Italia nelle edizioni seguenti: H.J. Berman, *Diritto e rivoluzione. Le origini della tradizione giuridica occidentale*, Bologna, il Mulino, 1998. Si veda poi H.J. Berman, *Diritto e rivoluzione. II. L'impatto delle riforme protestanti sulla tradizione giuridica occidentale*, edizione italiana a cura di D. Quaglioni, Bologna, il Mulino, 2010.

Libri

The Nature and Functions of Law: An Introduction for Students of the Arts and Sciences, Brooklyn, New York, Foundation Press, 1958.

The Interaction of Law and Religion, Nashville, Abingdon Press, 1974.

Law and Revolution: The Formation of the Western Legal Tradition, Cambridge, Mass., Harvard University Press, 1983.

Faith and Order: The Reconciliation of Law and Religion, Atlanta, Georgia Scholars Press, 1993.

Law and Revolution II: The Impact of the Protestant Reformations on the Western Legal Tradition, Cambridge, Mass., Harvard University Press, 2003.

Articoli e contributi in volume

Love for Justice: The Influence of Christianity upon the Development of Law, «Oklahoma Law Review», 12, febbraio 1959, pp. 86-101.

The Russian Orthodox Church, «Harvard Alumni Bullettin», 24 novembre 1962.

The Weightier Matters of the Law, «Royalton Review», 9, nn. 1-2, 1975, p. 32.

Law and Religion: Coordinate Social Forces, «Law in American Society», vol. 3, n. 6, 1974, pp. 7-13.

A Conference on Law, Theology and Ethics (con Paul Lehmann e William Stringfellow), «CSCW Report», 33, n. 1, 1975, pp. 17-23.

The Religious Foundation of Western Law, «Catholic University Law Review», 24, n. 3, 1975, pp. 490-508.

The Secularization of American Legal Education in the Nineteenth and Twentieth Centuries, «Journal of Legal Education», 27, n. 4, 1975, pp. 382-385.

The Crisis of the Western Legal Tradition, «Creighton Law Review», 9, n. 2, pp. 252-265.

Religion and Law, «Cross Talk», 5, n. 3, 1976.

The Western Legal Tradition, «Harvard Law School Bullettin», 28, n. 1, 1976, pp. 21-22.

The Origins of Western Legal Science, «Harvard Law Review», 90, n. 5, 1977, pp. 894-943.

The Use of Law to Guide People to Virtue: A Comparison of Soviet and U.S. Perspectives, in J. TAPP – F. LEVINE, *Law, Justice, and the Individual in Society: Psychological and Legal Issues*, New York, Holt, Rinehart and Winston, 1977, pp. 75-84.

The Prophetic, Pastoral, and Priestly Vocation of the Lawyer, «The NICM Journal», 2, n. 3, 1977, pp. 5-9.

Theological Sources of the Western Legal Tradition, «Revista Juridica de la Universidad de Puerto Rico», 46, nn. 3-4, 1977 (pubblicato nel 1979), pp. 371-411.

The Background of the Western Legal Tradition in the Folklaw of the Peoples of Europe, «University of Chicago Law Review», 45, n. 3, 1978, pp. 533-597.

The Interaction of Law and Religion, «Capital University Law Review», 8, n. 3, 1979, pp. 345-356.

The Weightier Matters of the Law, in R. BERMAN (a cura di), *Solzhenitsyn at Harvard*, Washington D.C., Ethics and Public Policy Center, 1980, pp. 99-113.

The Moral Crisis of the Western Legal Tradition and the Weightier Matters of the Law, «Criterion», 19, n. 2, 1980, pp. 15-23.

Law and Revolution, «Christian Legal Society Quarterly», vol. IV, nn. 2-3, 1983, pp. 12-16, 54-55.

Some Reflections on the Differences Between Soviet and American Concepts of Relations Between Church and State, «Christian Legal Society Quarterly», vol. V, n. 2, 1984, p. 12.

Introductory Remarks: Why the History of Western Law is not Written, «University of Illinois Law Review», vol. 1984, n. 3, 1984, pp. 511-520.

Law and Belief in Three Revolutions, «Valparaiso University Law Review», vol. 18, no 3, 1984, pp. 569-629.

Renewal and Continuity: The Great Revolutions and the Western Tradition, in M.D. BRYANT – H.R. HUESSY (a cura di), *Eugen Rosenstock-Huessy: Studies in His Life and Thought*, Lewison, New York, 1989, pp. 19-29.

The Religious Sources of General Contract Law: An Historical Perspective, «Journal of Law and Religion», vol. IV, n. 1, 1986, pp. 103-124.

Religion and Law: The First Amendment in Historical Perspective, «Emory Law Journal», vol. 35, n. 4, 1986, pp. 777-793.

Pagan Versus Christian Scholarship, «Veritas Reconsidered», 1986, pp. 12, 73-74.

Conscience and Law: The Lutheran Reformation and the Western Legal Tradition, «Journal of Law and Religion», vol. 5, n. 1, 1987, pp. 177-202.

Church and State (con J. Witte Jr.), in M. ELIADE (a cura di), *Encyclopedia of Religion*, New York, 1987, vol. 3, pp. 489-495.

Law and Religion in the West, in M. ELIADE (a cura di), *Encyclopedia of Religion*, New York, 1987, vol. 8, pp. 472-475.

Law and Religion: An Overview, in M. ELIADE (a cura di), *Encyclopedia of Religion*, New York, 1987, vol. 8, pp. 463-464.

The Formation of the Western Legal Tradition in the Papal Revolution of 1075-1122 e *Interventi* in G. Piva, F. Spantigati (a cura di), *Nuovi Moti per la Formazione del Diritto*, Padova, CEDAM, 1988, pp. 15-92, 275-279, 613-614.

Individualistic and Communitarian Theories of Justice: An Historical Approach, «U.C. Davis Law Review», vol. 21, n. 3, pp. 549-575.

Toward an Integrative Jurisprudence: Politics, Morality, History, «California Law Review», vol. 76, n. 4, 1988, pp. 779-801.

The Transformation of Western Legal Philosophy in Lutheran Germany (con J. Witte Jr., «Southern California Law Review», vol. 62, n. 6, 1989, pp. 1575-1660.

Draft USSR Law on Freedom of Conscience, with Commentary (con E.N. Griswold e F.C. Newman), «Harvard Human Rights Journal», vol. 3, 1990, pp. 137-156.

Religious Freedom and the Challenge of the Modern State, «Emory Law Journal», vol. 39, n. 1, 1990, pp. 149-164.

Law and Religion in the Development of a World Order, «Sociological Analysis: A Journal in the Sociology of Religion», vol. 52, n. 1, 1991, pp. 27-36.

Christianity and Democracy in the Soviet Union, «Emory International Law Review», vol. 6, 1992, pp. 23-34.

The Impact of the Enlightenment on American Constitutional Law, «Yale Journal of Law & Humanities», vol. 4, n. 2, 1992, pp. 311-334.

Response to Professor Gedicks, «Journal of Legal Education», vol. 44, n. 4, 1994, p. 604.

The Origins of Historical Jurisprudence: Coke, Selden, Hale, «Yale Law Journal», 103, 1994, pp. 1651-1738.

Law and Logos, «De Paul Law Review», vol. 44, n. 1, 1994, pp. 143-165.

Religious Freedom and the Rights of Foreign Missionaries Under Russian Law, «The Parker School Journal of East European Law», vol. 2, nn. 4-5, 1995, pp. 421-446.

Religious Rights in Russia at a Time of Tumultuous Transition: A Historical Theory, in J.D. VAN DER VYER – J. WITTE Jr. (a cura di), *Religious Human Rights in Global Perspective: Legal Perspectives*, Dordrecht-Boston, Martinus Nijhoff, 1996, pp. 285-304.

World Law and the Holy Spirit, «The Living Pulpit», gennaio-marzo 1996, pp. 28-29.

The Western Legal Tradition: The Interaction of Revolutionary and Evolutionary Growth, in B. Streit e Vaubel (a cura di), *Political Competition, Innovation and Growth: A Historical Analysis*, Berlino-Heidelberg, Springer, 1998, pp. 35-47.

Freedom of Religion in Russia: An Amicus Brief for the Defendant, «Emory International Law Review», 1998, pp. 313-340.

The Religious Dimension of the Western Legal Tradition, in R.L. PETERSEN e C.A. PATER (a cura di), *The Contentious Triangle: Church, State and University*, Philadephia, Thomas Jefferson University Press, 1999, pp. 281-294.

The Tri-Une God of History, «The Living Pulpit», 1999, pp. 18-19.

World Law in the New Millennium, «Twenty-First Century», n. 52, 1999, pp. 4-11 (in cinese).

The Spiritualization of Secular Law: The Impact of the Lutheran Reformation, «Journal of Law and Religion», 1999-2000, pp. 313-349.

The Interaction of Spiritual and Secular Law: An Historical Overview, with Special Reference to Sixteenth-Century Lutheran Germany, in M. HOEFLICH (a cura di), *Lex et Romanitas: Essays for Alan Watson*, Berkeley, Robbins Collection Publications, 2000, pp. 149-179.

The Western Legal Tradition in a Millennial Perspective: Past and Future, «Louisiana Law Review», 2000, pp. 739-763.

U.S. Foreign Policy with Respect to International Human Rights, «Emory Law Journal», vol. 50, n. 3, 2001, pp. 769-773.

Foreword, in M.W. McConnell – R.F. COchran Jr. – A.C. Carmella (a cura di), *Christian Perspectives on Legal Thought*, New Heaven, Yale University Press, 2001, pp. XI-XIV.

Faith and Law in a Multicultural World, «Journal of Law and Religion», vol. 18, n. 2, 2002-2003, pp. 297-305.

Integrative Jurisprudence and World Law, in E. Pattaro *et al.* (a cura di) *Rechtstheorie: Theorie des Rechts und der Gesellschaft. Festschrift für Werner Krawietz zum 70. Geburtstag*, Berlino, Duncker & Humblot, 2003, pp. 3-16.

The Holy Spirit: The God of History, «The Living Pulpit», vol. 13, n. 2, 2004, pp. 32-33.

The Historical Foundations of Law, «Emory Law Journal», vol. 54, 2005, pp. 13-24.

An Ecumenical Christian Jurisprudence, in J. Witte Jr. – F.S. Alexander (a cura di), *Teachings of Modern Christianity on Law, Politics, and Human Nature*, vol. 1, New York, Columbia University Press, 2005, pp. 752-764.

Amicus brief nel caso Thomas Van Orden v. Rick Perry, Governor of Texas and Chairman, 2005 (Corte Suprema degli Stati Uniti).

Foreword, in J.E. Sells (a cura di), *God and Country: Politics in Utah*, Salt Lake City, Signature Books, 2005, pp. VII-IX.

World Law: An Ecumenical Jurisprudence of the Holy Spirit, «Theology Today», vol. 63, n. 3, 2006, pp. 365-374.

Comparative Law and Religion, in M. Reimann – R. Zimmermann (a cura di), *The Oxford Handbook of Comparative Law*, Oxford, Oxford University Press, 2006, pp. 739-751.

Law and Revolution, in D.S. Clark (a cura di), *Encyclopedia of Law & Society: American and Global Perspectives*, Los Angeles-London-New Delhi-Singapore, SAGE, 2007, vol. 3, pp. 1315-1319.

Religion and Liberty Under Law at the Founding of America, «Regent University Law Review», vol. 20, n. 31, 2007, pp. 31-36.

The Christian sources of general contract law, in J. Witte Jr. – F.S. Alexander (a cura di), *Christianity and Law: An Introduction*, Cambridge, Cambridge University Press, 2008, pp. 125-142.

Introduction to the World Law Institute, «Emory International Law Review», 22, 2008, pp. 1-6.

FINITO DI STAMPARE
PER CONTO DI LEO S. OLSCHKI EDITORE
PRESSO ABC TIPOGRAFIA • CALENZANO (FI)
NEL MESE DI DICEMBRE 2024

Ambienti del diritto

1. Cosimo Marco Mazzoni, *Quale dignità. Il lungo viaggio di un'idea*. 2019, VIII-128 pp. con 8 tavv. f.t. a colori.
2. Massimo La Torre, *Il diritto contro se stesso. Saggio sul positivismo giuridico e la sua crisi*. 2020, Ristampa 2021, XIV-264 pp. Ristampa 2021.
3. Paolo Passaglia, *La condanna di una pena. I percorsi verso l'abolizione della pena di morte*. 2020, XIV-260 pp.
4. Donato Carusi, Sua maestà legge? *Tre secoli di potere, diritto e letteratura*. 2022, XVI-458 pp.
5. Giuseppe Vettori, *Persona e Pluralismo*. 2024, XX-252 pp.
6. Harold J. Berman, *L'interazione tra diritto e religione*. Introduzione e traduzione di Marco Ventura. Postfazione di Pasquale Annicchino. 2024, XXIV-122 pp.